大学生运动与健康促进手册

（活页式）

黄晨华　主　编

北京体育大学出版社

策划编辑：李志诚　孙思学
责任编辑：李志诚
责任校对：仝杨杨
版式设计：水分子

图书在版编目（CIP）数据

大学生运动与健康促进手册：活页式 / 黄晨华主编
.— 北京：北京体育大学出版社，2023.9
ISBN 978-7-5644-3875-3

Ⅰ.①大… Ⅱ.①黄… Ⅲ.①大学生—体育运动—关系—身体素质—健康教育—教材 Ⅳ.① G806 ② G807.4

中国国家版本馆 CIP 数据核字（2023）第 163598 号

大学生运动与健康促进手册（活页式）
DAXUESHENG YUNDONG YU JIANKANG CUJIN SHOUCE（HUOYESHI）　黄晨华　主　编

出版发行：北京体育大学出版社
地　　址：北京市海淀区农大南路 1 号院 2 号楼 2 层办公 B－212
邮　　编：100084
网　　址：http://cbs.bsu.edu.cn
发 行 部：010－62989320
邮 购 部：北京体育大学出版社读者服务部 010－62989432
印　　刷：北京九天鸿程印刷有限责任公司
开　　本：787mm × 1092mm　1/16
成品尺寸：185mm × 260mm
印　　张：15
字　　数：308 千字
版　　次：2023 年 9 月第 1 版
印　　次：2023 年 9 月第 1 次印刷
定　　价：49.80 元

（本书如有印装质量问题，请与出版社联系调换）

编 委 会

主　编　黄晨华

副主编　韦　翔　黄均善　周童辉

编　委　曹　莹　陈嫒嫒　杜　欣　郭百富　黄国原　梁栎文

　　　　刘敏敏　陆治年　肖金兰　肖依萍　张　慧

前言

党的二十大报告提出，“教育、科技、人才是全面建设社会主义现代化国家的基础性、战略性支撑”，把教育与科技、人才放在了同等重要的地位，这赋予教育新使命、新任务，也更加凸显了教育基础性、先导性、全局性的地位和作用，体现了党对教育工作的重视。

学校体育是我国教育事业的重要组成部分，是培养德智体美劳全面发展的社会主义建设者和接班人的重要手段，是落实立德树人根本任务、建设人才强国的基础工程。高等学校体育既是高校体育的重要组成部分，也是高校教育的重要组成部分，是实现高校高素质人才培养目标不可或缺的一个方面，是培养新时代全面发展的高素质人才的重要手段，是大学生树立终身锻炼思想和形成良好锻炼习惯的重要途径。新时代高等学校体育工作如何利用契机促进我国高等学校教育的高质量发展已成为我国高等学校体育工作者面临的重大课题。

本教材以党的二十大精神为指引，以《中华人民共和国体育法》《学校体育工作条例》《高等学校体育工作基本标准》《国务院办公厅关于强化学校体育促进学生身心健康全面发展的意见》等文件为指导，突出学生主体地位、健康主题及体育课程思政教育，将“素质教育”“健康第一”“终身体育”的思想贯彻始终，切实做到“以体育人、以文化魂”。本教材坚持基础性、实践性、专业性和发展性的有机统一，能满足新时代高等学校体育工作开展的需要。

本教材共有8个项目，主要内容为大学体育与个人的全面发展、大学生体质健康测评、运动项目选择与运动处方制订、球类运动、形体训练、民族传统体育项目、大学生体育竞赛与校园体育文化、大学生运动风险防控。

各项目的编写者分别为：项目一，黄晨华、韦翔；项目二，韦翔、肖金兰；项目三，黄晨华、周童辉；项目四，郭百富、韦翔、陈媛媛、肖依萍、张慧、肖金兰；项目五，周童辉、梁栎文、刘敏敏、曹莹；项目六，杜欣、黄均善、黄晨华；项目七，黄国原、陈媛媛；项目八，陆治年。

在本教材的编写过程中，我们参考和借鉴了大量的文献资料，并得到有关专家的指导和大力支持，在此表示衷心的感谢。

由于编者水平有限，加之时间紧，教材中若有不妥之处，恳请广大师生批评指正，以便今后修订、完善。

编者

2023年9月

目录

项目一 大学体育与个人的全面发展

学习任务目标

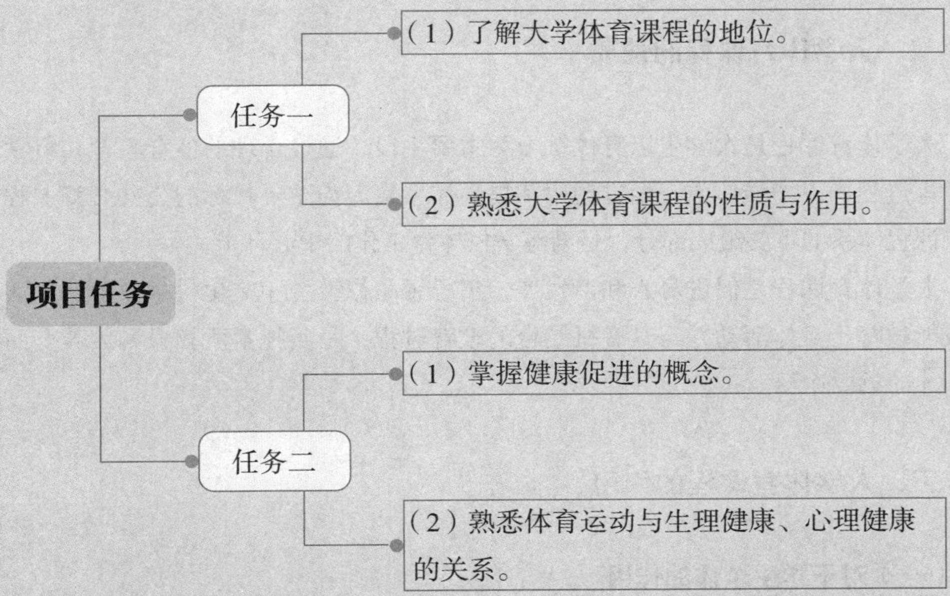

任务一　大学体育课程的地位、性质与作用

一、大学体育课程的地位

大学体育是全面发展教育的重要组成部分，是实现高素质人才培养目标不可忽视的一个方面。

经国务院批准颁布的《学校体育工作条例》明确规定，“普通高等学校的一、二年级必须开设体育课。普通高等学校对三年级以上学生开设体育选修课”。《学校体育工作条例》还明确指出体育课是大学生的必修课，确立了大学体育课程在教育中的重要地位。

大学体育课程的地位首先是由高等教育在社会中的地位所决定的，其次是由体育在培养大学生过程中所起的作用决定的。

大学体育课程在促进社会主义精神文明建设、文化建设中起着重要作用，这一作用首先通过学校体育促进学生智力发展体现出来，同时学校体育是学生进行思想品德教育的重要手段。毛泽东早在《体育之研究》一文中就曾指出：“体育一道，配德育与智育，而德智皆寄于体，无体是无德智也。”“体者，载知识之车而寓道德之舍也。”

二、大学体育课程的性质

大学体育课程是大学生以身体练习为主要手段，通过合理的体育教育和科学的体育锻炼过程，以增强体质、增进健康和提高体育素养为主要目标的公共必修课程，是学校课程体系的重要组成部分，是高等学校体育工作的中心环节。

大学体育课程是促进身心和谐发展，集思想品德教育、文化科学教育、生活与体育技能教育于身体活动并与其有机结合的教育过程，是实施素质教育和培养全面发展的人才的重要途径。

三、大学体育课程的作用

（一）对于学生个体的作用

大学期间是学生完成身体生长发育、心理成熟的重要时期，也是学生学习专业基

础知识、掌握为社会服务所需技能的重要时期。在学生的成长过程中，体育教育对促进其身体正常发育，使其心理与生理、体能与智能协调发展，增强体质，提高运动能力，培养勇敢、顽强、坚毅的思想品质和积极向上的精神等都有着积极的作用，是其他教育所不能替代的。

生命是生活的根本，健康是美好生活的保障。高校体育教育不仅能使学生在大学期间通过体育锻炼增强体质、增进健康，更好地投入到学习中，形成基本的终身体育观念以及获得体育知识、技能和锻炼方法，也为学生走向社会后继续进行体育锻炼打下了基础，从而使其在今后的人生道路上保持健康，为自己美好、快乐的生活提供保障。

（二）对于高校的作用

健康的学生能更好地投入到学习中，从而改善学校的学习环境。丰富多彩的体育比赛与体育节不仅丰富了学校的文化生活，而且对于学校良好校风的形成也有重要作用。同时，学生所具有的一定的体育文化欣赏能力可以使他们养成良好的兴趣爱好，远离不良嗜好，有利于学校的稳定与管理。

（三）对于体育事业的作用

高校体育教育能够使大学生掌握基本的体育知识、技能，具有一定的体育文化欣赏能力，从而使更多大学生喜爱体育运动。大学生是祖国的栋梁，更多的大学生喜爱体育运动，对全民健身、竞技体育甚至体育经济的发展都会起到很大的推动作用。

同时，由于高校多学科综合研究的优势和大学生接受能力强、创新意识强等特点，高校高水平运动队的运动技术水平已得到了实质性的改变与提高，能够为我国培养和输送更多的体育人才。

（四）对于社会的作用

大学体育课程不仅仅是学校课程体系的一个重要组成部分，它在增强社会效应方面的独特作用也不容忽视。在市场经济条件下，大学体育课程应适应国家的需要，适应社会发展的要求。大学生走向社会后将是各个行业的骨干，他们是构建和谐社会的重要力量。锻炼习惯的形成，体育知识、技能和锻炼方法的掌握，终身体育观念的形成，使大学生在走向社会后能继续科学地锻炼身体，保持身体健康，从而精力充沛地投入到祖国的建设中，为实现中华民族伟大复兴的中国梦贡献力量。

任务考核与自评

大学体育课程的地位、性质与作用

<table>
<tr><td>姓名：</td><td>院（系）：</td><td>学号：</td><td>日期：</td></tr>
<tr><td colspan="4">大学体育课程的地位：</td></tr>
<tr><td colspan="4">大学体育课程的性质：</td></tr>
<tr><td colspan="4">大学体育课程的作用：</td></tr>
<tr><td colspan="4">得分：</td></tr>
<tr><td colspan="3">体育教师签字：</td><td>日期：</td></tr>
</table>

任务二　大学生体育运动与健康促进

一、健康促进的概念

世界卫生组织对健康促进的定义是“促使人们维护和提高自身健康的全过程，是协调人类与环境的战略，它规定了个人与社会对健康各自所负的责任”。著名健康教育学家格林和克罗特尔等人认为：健康促进指一切能促使行为和生活条件向有益于健康改变的教育和环境支持的综合体。1995年，世界卫生组织西太平洋区域办事处发表《健康新视野》，提出：健康促进指个人与其家庭、社区和国家一起采取措施，鼓励健康的行为，增强人们改进和处理自身健康问题的能力。在这个定义中，健康促进是旨在改进健康相关行为的活动。

由此可知，人们对健康促进存在着广义和狭义的理解。人们从社会发展层面（经济生产力、文化等）和社会医学的高度将健康促进视为改变影响健康的社会决定因素、增进健康的总体战略，这就是广义的健康促进，它主要由国家和政府主导，负责总体顶层设计与策划，调动、协调各方各类资源，统筹规划，全面推进。狭义的健康促进是把健康促进本身看作公共健康领域的一项具体工作策略，主要由卫生体系人员操作。不管是广义的健康促进还是狭义的健康促进，它们的根本目标都是促进公众健康。但就我国当前情况而言，广义的健康促进更需要被高度关注和大力推进。

二、体育运动与生理健康

（一）体育运动对运动系统的影响

1. 体育运动对骨、关节的良好影响

合理的体育运动能促进骨的血液循环，增加对骨的血液供应，使正处于旺盛造骨时期的骨组织获得更多的造骨原料，加速造骨过程，加快骨的生长；能增强骨的抗折、抗弯、抗压、抗扭曲等能力，使骨更加坚固；能保持骨的弹性，延缓骨的老年性、退行性变化；能预防关节的变形；有助于增强韧带的弹性，增加关节的稳固性，提高关节的灵活性。

2. 体育运动对肌肉的良好影响

（1）肌肉体积增大。进行体育运动可以使肌肉体积增大。不同运动项目，肌肉增大部位和程度不一。力量性训练，如举重和投掷项目的训练可使肌纤维最大限度地

增粗，可使快缩肌纤维和慢缩肌纤维都增粗，但往往快缩肌纤维增粗较大。耐力性训练，如长跑和自行车项目的运动员的肌纤维增粗不明显。

（2）肌肉质量增加。经常运动的人肌肉质量可占体重的50%，某些受过长期训练的专项运动员甚至可达60%。

（3）肌肉中脂肪含量减少。

（4）肌肉内化学成分发生变化。

（5）肌肉内结缔组织增多，特别是肌肉内毛细血管增多。肌肉内有丰富的毛细血管，1平方毫米的肌肉中约有4000根毛细血管，但在平时仅开放很少一部分（开放30～270根）。在进行体育运动时，肌肉的活动促使肌肉内毛细血管大量开放，其开放数量可达安静时的20～50倍。这样，肌肉可获得比平时多得多的氧气及养料，大大促进了自身的生长。

（6）参加活动的肌纤维数量增加。

（二）体育运动对心血管系统的影响

适当的运动是心脏健康的必由之路。有规律的体育运动可以减慢安静时和运动时的心率，大大减少心脏的工作时间，加强心脏功能，保持冠状动脉血流畅通，更好地供给心肌所需要的营养，可使心脏病的危险率降低。

（1）经常参加体育运动可以促进心肌细胞内蛋白质的合成，使心肌纤维增粗，从而使心肌收缩力量增强，这样可以使心脏在每次收缩时将更多的血液射入血管，使心脏的每搏输出量增加，长时间的体育运动可使心室容量增大。

（2）体育运动可以增强血管壁的弹性，这对人体健康的远期效果来说是十分有益的。例如，随着年龄的增加，人的血管壁的弹性逐渐减弱，可诱发高血压等疾病，通过体育运动增强血管壁的弹性，可预防或缓解高血压症状。

（3）体育运动可以促使大量毛细血管开放，加快血液与组织液的交换，加快新陈代谢，增强机体能量物质供应和代谢物质排出的能力。

（4）体育运动可以显著降低血脂含量，改善血脂质量，有效预防冠心病、高血压和动脉粥样硬化等疾病。

（5）体育运动还可以使安静时脉搏平缓和血压降低。

（三）体育运动对呼吸系统的影响

（1）经常参加体育运动，特别是做一些伸展扩胸运动，可以使呼吸肌力量加强，胸廓扩大，有利于肺组织的生长发育和肺的扩张，使肺活量增加。经常进行深呼吸运动，也可以促使肺活量增加。大量实验表明，经常参加体育运动的人，肺活量值高于一般人。

（2）体育运动由于加强了呼吸肌力量，可使呼吸深度增加，有效地提高肺的通气效率。研究表明，一般人在运动时肺通气量能增加到60升/分左右，有体育运动习惯的人运动时肺通气量可达100升/分及以上。

（3）一般人在进行体育运动时只能利用其最大摄氧量的60%左右，而经过体育运动后人的这种能力将大大提高。体育运动时，即使氧气的需要量增加，也能满足机体的需要，而不致使机体缺氧。

（四）体育运动对神经系统的影响

体育运动能改善神经系统的调节功能，提高神经系统对人体活动时错综复杂的变化的判断能力，并及时做出协调、准确、迅速的反应。此外，体育运动对神经系统的良好影响主要在于它是一种积极的休息。当经过较长时间的脑力劳动，大脑感到疲劳时，参加短时间的体育运动，可以转移大脑皮层的兴奋中心，使原来高度兴奋的神经细胞得到良好的休息，同时补充氧气和营养物质。脑组织所需氧气和营养物质的供给完全依赖于血液循环系统、呼吸系统和消化系统，体育运动在很大程度上改善了这些系统的功能，提高了它们的工作效率，从而促进了脑血液循环，改善了脑组织的氧气和营养物质供应，使脑组织的工作效率显著提高。经常参加体育运动，可以使中枢神经系统功能得到加强，使中枢神经系统对兴奋和抑制的调节能力更趋完善，从而进一步活跃全身各个系统和器官的功能，使它们的活动更加协调，工作效率提高，对外界刺激的反应迅速、灵敏，以适应外界环境的变化并增强抵抗各种疾病的能力。

三、体育运动与心理健康

（一）体育运动有助于改善情绪状态

在繁重的学习压力下，有些大学生经常会产生忧愁、紧张和压抑等情绪，参加体育运动可以转变个体不愉快的情绪，因为体育运动能够提高人的情绪唤醒水平。情绪唤醒水平是指一个人情绪兴奋的水平，一定的运动负荷会使情绪唤醒水平提高，使人精神振奋、乐观自信、充满活力。

（二）体育运动有助于培养意志品质

意志品质是指一个人的果断性、坚忍性、自制力以及勇敢顽强和主动独立等精神。意志品质既是在克服困难的过程中表现出来的，又是在克服困难的过程中培养起来的。人在体育运动过程中需要不断克服各种客观困难（如气候条件的变化、动作的难度和运动损伤等）和主观困难（如惰性、畏惧和疲劳等），坚持参加体育运动可以培养坚强的意志品质，并能够迁移到学习、生活和其他工作中去。

（三）体育运动有助于培养人际交往能力

人际交往是指在社会活动中人与人之间进行信息交流和情感沟通的联系过程。人际交往能力强是一个人心理健康的重要标志之一。经常参加体育运动有助于培养大学生的人际交往能力。因为很多体育运动是以集体参与的方式表现出来的，参加体育运动的过程就是一个与他人紧密协作和配合的过程。

（四）体育运动有助于防治心理疾病

体育运动被公认为是一种有效的心理治疗方法。一项调查表明，1750名心理医生中，80%的人认为体育运动是治疗抑郁症的有效手段之一，60%的人认为应将体育运动作为一种治疗方式来消除焦虑症。学习压力和其他方面的挫折因素导致焦虑症和抑郁症成为大学生常见的心理疾病，而通过体育运动可以预防和治疗这些心理疾病。

思政小课堂

党的二十大报告提出："人民健康是民族昌盛和国家强盛的重要标志。把保障人民健康放在优先发展的战略位置，完善人民健康促进政策。"

任务考核与自评

体育运动与生理健康、心理健康的关系

姓名：	院（系）：	学号：	日期：
体育运动与生理健康的关系：			
体育运动与心理健康的关系：			
得分：			
体育教师签字：			日期：

项目二

大学生体质健康测评

学习任务目标

项目任务

- 任务一
  - 了解《国家学生体质健康标准（2014年修订）》的测试方法。
- 任务二
  - （1）熟悉体适能的概念。
  - （2）掌握发展健康体适能的方法。

任务一 《国家学生体质健康标准（2014年修订）》解读与运用

一、《国家学生体质健康标准（2014年修订）》实施说明

《国家学生体质健康标准（2014年修订）》（以下简称《标准》）是国家学校教育工作的基础性指导文件和教育质量基本标准，是评价学生综合素质、评估学校工作和衡量各地教育发展的重要依据，是《国家体育锻炼标准》在学校的具体实施，适用于全日制普通小学、初中、普通高中、中等职业学校、普通高等学校的学生。

《标准》从身体形态、身体机能和身体素质等方面综合评定学生的体质健康水平，是促进学生体质健康发展、激励学生积极进行身体锻炼的教育手段，是国家学生发展核心素养体系和学业质量标准的重要组成部分，是学生体质健康的个体评价标准。

《标准》将适用对象中高校部分分为：大学一、二年级为一组，三、四年级为一组。大学各组别的测试指标均为必测指标。其中，身体形态类中的身高、体重，身体机能类中的肺活量，以及身体素质类中的50米跑、坐位体前屈、立定跳远为各年级大学生共性指标。

《标准》的学年总分由标准分与附加分之和构成，满分为120分。标准分由各单项指标得分与权重乘积之和组成，满分为100分；附加分根据实测成绩确定，即对成绩超过100分的加分指标进行加分，满分为20分。大学的加分指标为男生引体向上和1000米跑，女生1分钟仰卧起坐和800米跑，各指标加分幅度均为10分。

根据学生学年总分评定等级：90.0分及以上为优秀，80.0～89.9分为良好，60.0～79.9分为及格，59.9分及以下为不及格。

每个学生每学年评定一次，记入“《国家学生体质健康标准》登记卡”。特殊学制的学校，在填写登记卡时可以按规定和需求相应地增减栏目。学生毕业时的成绩和等级，按毕业当年学年总分的50%与其他学年总分平均得分的50%之和进行评定。

学生测试成绩评定达到良好及以上者，方可参加评优与评奖；成绩达到优秀者，方可获体育奖学分。测试成绩评定不及格者，在本学年度准予补测一次，补测仍不及格，则学年成绩评定为不及格。普通高等学校学生毕业时，《标准》测试的成绩达不到50分者按肄业处理。

因病或残疾学生，可向学校提交暂缓或免予执行《标准》的申请，经医疗单位证

明，体育教学部门核准后，可暂缓或免予执行《标准》，并填写“免予执行《国家学生体质健康标准》申请表”，存入学生档案。确实丧失运动能力、被免予执行《标准》的残疾学生，仍可参加评优与评奖，毕业时《标准》成绩需注明免测。

各学校每学年开展覆盖本校各年级学生的《标准》测试工作，《标准》测试数据经当地教育行政部门按要求审核后，通过中国学生体质健康网上传至国家学生体质健康标准数据管理系统。测试和数据上传时间由教育行政部门确定。

单项指标与权重见表2-1-1。

表2-1-1　单项指标与权重

测试对象	单项指标	权重/%
大学各年级	体重指数	15
	肺活量	15
	50米跑	20
	坐位体前屈	10
	立定跳远	10
	引体向上（男）/1分钟仰卧起坐（女）	10
	1000米跑（男）/800米跑（女）	20

注：体重指数（Body Mass Index，BMI）=体重（千克）/身高^2（米^2）。

二、《国家学生体质健康标准（2014年修订）》测试方法

（一）身高

1. 测试目的

测试学生的身高，与体重测试相配合，评定学生的身体匀称度，评价学生生长发育水平及营养状况。

2. 场地器材

身高计。使用前应校对0点，以钢尺测量基准板平面至立柱前面红色刻线的高度是否为10.0厘米，误差不得大于0.1厘米。同时应检查立柱是否垂直，连接处是否紧密，有无晃动，零件有无松脱等情况并及时加以纠正。

3. 测试方法

受试者赤足，立正姿势站在身高计的底板上（上肢自然下垂，足跟并拢，足尖分开成60°角）。足跟、骶骨部及两肩胛区与立柱相接触，躯干自然挺直，头部正直，耳屏上缘与眼眶下缘呈水平位，读数以厘米为单位，精确到小数点后一位。测试误差不得超过0.5厘米。

（二）体重

1. 测试目的

测试学生的体重，与身高测试相配合，评定学生的身体匀称度，评价学生生长发育水平及营养状况。

2. 场地器材

杠杆秤或电子体重计。使用前需检验其准确度和灵敏度。准确度要求误差不超过0.1%，即每100千克误差小于0.1千克。检验方法是：以备用的10千克、20千克、30千克标准砝码（或用等重标定重物代替）分别进行称量，检查指标读数与标准砝码误差是否在允许范围内。灵敏度的检验方法是：放置100克重砝码，观察刻度尺变化，如果刻度抬高了3毫米或游标向远移动0.1千克而刻度尺维持水平位，则达到要求。

3. 测试方法

测试时，杠杆秤应放在平坦地面上。受试者赤足，男性受试者身着短裤，女性受试者身着短裤、短袖衫，站在秤台中央。读数以千克为单位，精确到小数点后一位。测试误差不超过0.1千克。

（三）肺活量

1. 测试目的

测试学生的肺通气功能。

2. 场地器材

电子肺活量计。

3. 测试方法

使用干燥的一次性吹嘴。受试者进行一两次较平日深一些的呼吸动作后，更深地吸一口气，向吹嘴处慢慢呼气至不能再呼出为止。每位受试者测三次，每次间隔15秒，记录三次数值，选取最大值作为测试结果，以毫升为单位，不保留小数。

（四）50米跑

1. 测试目的

测试学生速度、灵敏素质及神经系统灵活性的发展水平。

2. 场地器材

50米直线跑道若干条，地面平坦，地质不限，跑道线要清晰。发令旗一面，口哨一个，秒表若干块（一道一表）。秒表使用前应用标准秒表校正，每分钟误差不得超过0.2秒。标准秒表的选定，以北京时间为准，每小时误差不超过0.3秒。

3. 测试方法

受试者至少两人一组测试，站立式起跑，受试者听到“跑”的口令后起跑。发令员在发出口令的同时摆动发令旗。计时员视旗动开表计时，当受试者的躯干部到达终点线的垂直面时停表。以秒为单位记录成绩，精确到小数点后一位。小数点后第二位数按非0进1原则进位，如10.11秒读成10.2秒，并记录。

（五）立定跳远

1. 测试目的

测试学生下肢肌肉爆发力及身体协调能力的发展水平。

2. 场地器材

在沙坑（沙面与地面齐平）或土质松软的平地上进行。起跳线至沙坑近端不得少于30厘米。起跳地面要平坦，不得有坑洼。

3. 测试方法

受试者两脚自然分开站立，站在起跳线后，脚尖不得踩线（最好用线绳做起跳线）。两脚原地同时起跳，不得有垫步或连跳动作。丈量起跳线后缘至最近着地点后缘的垂直距离。每人试跳一次。以厘米为单位记录成绩，不计小数。

（六）坐位体前屈

1. 测试目的

测试学生在静止状态下躯干、腰、髋等部位可能达到的活动幅度，主要反映这些部位关节韧带和肌肉的伸展性与弹性及身体柔韧素质的发展水平。

2. 场地器材

坐位体前屈测试仪。将仪器放在平坦地面上。测试前用直尺进行校正，即将直尺放在平台上，使游标的上面与平台呈水平，将游标的刻度调到0位。

3. 测试方法

受试者两腿伸直，两脚平蹬测试仪的脚蹬纵板。坐在平地上，两脚分开10～15厘米，上体前屈，两臂伸直向前，用两手中指指尖逐渐向前推动游标，直到不能前推。测试仪的脚蹬纵板内沿平面为0点，向内为负值，向前为正值。以厘米为单位记录成绩，保留一位小数。测试两次，取最好成绩。

（七）800米跑（女）或1000米跑（男）

1. 测试目的

测试学生耐力素质的发展水平，特别是心血管和呼吸系统的机能及肌肉耐力。

2. 场地器材

400米、300米或200米田径场跑道，地质不限。也可以使用其他不规则场地，但必须丈量准确，地面平坦。发令旗一面，秒表若干块，使用前需要校正，要求同50米跑。

3. 测试方法

受试者至少两人一组测试，站立式起跑。受试者听到“跑”的口令后起跑。发令员在发出口令的同时要摆动发令旗。计时员视旗动开表计时，当受试者的躯干部到达终点线的垂直面时停表。以分·秒为单位记录测试成绩，不计小数。

（八）引体向上（男）

1. 测试目的

测试学生上肢肌肉力量的发展水平。

2. 场地器材

高单杠或高横杠，杠粗以手能握住为准。

3. 测试方法

受试者跳起，两手正握杠，两手与肩同宽，成直臂悬垂。静止后，两臂同时用力引体（身体不能有附加动作），上拉到下颌，超过横杠上缘为完成一次。记录引体次数。

（九）1分钟仰卧起坐（女）

1. 测试目的

测试学生的腹肌耐力。

2. 场地器材

垫子若干块（代用品），并铺放平坦。秒表若干块，使用前需要校正，要求同50米跑。

3. 测试方法

受试者全身仰卧于垫上，两腿稍分开，屈膝成90°角左右，两手指交叉，贴于脑后。另一同伴压住其踝关节，以便固定其下肢。受试者起坐时两肘触及或超过两膝为完成一次。仰卧时两肩胛部位必须触垫。测试人员发出“开始”口令的同时开表计时，记录1分钟内受试者完成次数。1分钟到时，受试者虽已坐起但未触及两膝者不计次数，成绩精确到个位。

三、《国家学生体质健康标准（2014年修订）》测试评分表

（一）大学生体重指数评分表

大学生体重指数评分表见表2-1-2。

表2-1-2　大学生体重指数评分表　　单位：千克/米^2

等级	单项得分	男生体重指数	女生体重指数
正常	100	17.9 ~ 23.9	17.2 ~ 23.9
低体重	80	≤17.8	≤17.1
超重		24.0 ~ 27.9	24.0 ~ 27.9
肥胖	60	≥28.0	≥28.0

（二）大学生肺活量评分表

大学生肺活量评分表见表2-1-3。

表2-1-3　大学生肺活量评分表　　单位：毫升

测试对象	等级	大一、大二	大三	单项得分	测试对象	等级	大一、大二	大三	单项得分
大学男生	优秀	5040	5140	100	大学女生	优秀	3400	3450	100
		4920	5020	95			3350	3400	95
		4800	4900	90			3300	3350	90
	良好	4550	4650	85		良好	3150	3200	85
		4300	4400	80			3000	3050	80

续表

测试对象	等级	大一、大二	大三	单项得分	测试对象	等级	大一、大二	大三	单项得分
大学男生	及格	4180	4280	78	大学女生	及格	2900	2950	78
		4060	4160	76			2800	2850	76
		3940	4040	74			2700	2750	74
		3820	3920	72			2600	2650	72
		3700	3800	70			2500	2550	70
		3580	3680	68			2400	2450	68
		3460	3560	66			2300	2350	66
		3340	3440	64			2200	2250	64
		3220	3320	62			2100	2150	62
		3100	3200	60			2000	2050	60
	不及格	2940	3030	50		不及格	1960	2010	50
		2780	2860	40			1920	1970	40
		2620	2690	30			1880	1930	30
		2460	2520	20			1840	1890	20
		2300	2350	10			1800	1850	10

（三）大学生身体素质评分表

1. 大学生50米跑评分表

大学生50米跑评分表见表2-1-4。

表2-1-4 大学生50米跑评分表　　单位：秒

测试对象	等级	大一、大二	大三	单项得分	测试对象	等级	大一、大二	大三	单项得分
大学男生	优秀	6.7	6.6	100	大学女生	优秀	7.5	7.4	100
		6.8	6.7	95			7.6	7.5	95
		6.9	6.8	90			7.7	7.6	90
	良好	7.0	6.9	85		良好	8.0	7.9	85
		7.1	7.0	80			8.3	8.2	80

续表

测试对象	等级	大一、大二	大三	单项得分	测试对象	等级	大一、大二	大三	单项得分
大学男生	及格	7.3	7.2	78	大学女生	及格	8.5	8.4	78
		7.5	7.4	76			8.7	8.6	76
		7.7	7.6	74			8.9	8.8	74
		7.9	7.8	72			9.1	9.0	72
		8.1	8.0	70			9.3	9.2	70
		8.3	8.2	68			9.5	9.4	68
		8.5	8.4	66			9.7	9.6	66
		8.7	8.6	64			9.9	9.8	64
		8.9	8.8	62			10.1	10.0	62
		9.1	9.0	60			10.3	10.2	60
	不及格	9.3	9.2	50		不及格	10.5	10.4	50
		9.5	9.4	40			10.7	10.6	40
		9.7	9.6	30			10.9	10.8	30
		9.9	9.8	20			11.1	11.0	20
		10.1	10.0	10			11.3	11.2	10

2. 大学生坐位体前屈评分表

大学生坐位体前屈评分表见表2-1-5。

表2-1-5　大学生坐位体前屈评分表　　单位：厘米

测试对象	等级	大一、大二	大三	单项得分	测试对象	等级	大一、大二	大三	单项得分
大学男生	优秀	24.9	25.1	100	大学女生	优秀	25.8	26.3	100
		23.1	23.3	95			24.0	24.4	95
		21.3	21.5	90			22.2	22.4	90
	良好	19.5	19.9	85		良好	20.6	21.0	85
		17.7	18.2	80			19.0	19.5	80

续表

测试对象	等级	大一、大二	大三	单项得分	测试对象	等级	大一、大二	大三	单项得分
大学男生	及格	16.3	16.8	78	大学女生	及格	17.7	18.2	78
		14.9	15.4	76			16.4	16.9	76
		13.5	14.0	74			15.1	15.6	74
		12.1	12.6	72			13.8	14.3	72
		10.7	11.2	70			12.5	13.0	70
		9.3	9.8	68			11.2	11.7	68
		7.9	8.4	66			9.9	10.4	66
		6.5	7.0	64			8.6	9.1	64
		5.1	5.6	62			7.3	7.8	62
		3.7	4.2	60			6.0	6.5	60
	不及格	2.7	3.2	50		不及格	5.2	5.7	50
		1.7	2.2	40			4.4	4.9	40
		0.7	1.2	30			3.6	4.1	30
		–0.3	0.2	20			2.8	3.3	20
		–1.3	–0.8	10			2.0	2.5	10

3. 大学生立定跳远评分表

大学生立定跳远评分表见表2–1–6。

表2–1–6　大学生立定跳远评分表　　单位：厘米

测试对象	等级	大一、大二	大三	单项得分	测试对象	等级	大一、大二	大三	单项得分
大学男生	优秀	273	275	100	大学女生	优秀	207	208	100
		268	270	95			201	202	95
		263	265	90			195	196	90
	良好	256	258	85		良好	188	189	85
		248	250	80			181	182	80

续表

测试对象	等级	大一、大二	大三	单项得分	测试对象	等级	大一、大二	大三	单项得分
大学男生	及格	244	246	78	大学女生	及格	178	179	78
		240	242	76			175	176	76
		236	238	74			172	173	74
		232	234	72			169	170	72
		228	230	70			166	167	70
		224	226	68			163	164	68
		220	222	66			160	161	66
		216	218	64			157	158	64
		212	214	62			154	155	62
		208	210	60			151	152	60
	不及格	203	205	50		不及格	146	147	50
		198	200	40			141	142	40
		193	195	30			136	137	30
		188	190	20			131	132	20
		183	185	10			126	127	10

4. 大学男生引体向上、大学女生1分钟仰卧起坐评分表

大学男生引体向上、大学女生1分钟仰卧起坐评分表见表2-1-7。

表2-1-7　大学男生引体向上、大学女生1分钟仰卧起坐评分表　　单位：个

测试对象	等级	大一、大二	大三	单项得分	测试对象	等级	大一、大二	大三	单项得分
大学男生	优秀	29	30	110	大学女生	优秀	69	70	110
		28	29	109			68	69	109
		27	28	108			67	68	108
		26	27	107			66	67	107
		25	26	106			65	66	106
		24	25	105			64	65	105

续表

测试对象	等级	大一、大二	大三	单项得分	测试对象	等级	大一、大二	大三	单项得分
大学男生	优秀	23	24	104	大学女生	优秀	63	64	104
		22	23	103			62	63	103
		21	22	102			60	61	102
		20	21	101			58	59	101
		19	20	100			56	57	100
		18	19	95			54	55	95
		17	18	90			52	53	90
	良好	16	17	85		良好	49	50	85
		15	16	80			46	47	80
	及格	—	—	—		及格	44	45	78
		14	15	76			42	43	76
		—	—	—			40	41	74
		13	14	72			38	39	72
		—	—	—			36	37	70
		12	13	68			34	35	68
		—	—	—			32	33	66
		11	12	64			30	31	64
		—	—	—			28	29	62
		10	11	60			26	27	60
	不及格	9	10	50		不及格	24	25	50
		8	9	40			22	23	40
		7	8	30			20	21	30
		6	7	20			18	19	20
		5	6	10			16	17	10

5. 大学男生1000米跑、大学女生800米跑评分表

大学男生1000米跑、大学女生800米跑评分表见表2-1-8。

表2-1-8　大学男生1000米跑、大学女生800米跑评分表　　单位：分 · 秒

测试对象	等级	大一、大二	大三	单项得分	测试对象	等级	大一、大二	大三	单项得分
大学男生	优秀	2′ 42″	2′ 40″	110	大学女生	优秀	2′ 28″	2′ 26″	110
		2′ 45″	2′ 43″	109			2′ 33″	2′ 31″	109
		2′ 48″	2′ 46″	108			2′ 38″	2′ 36″	108
		2′ 51″	2′ 49″	107			2′ 43″	2′ 41″	107
		2′ 54″	2′ 52″	106			2′ 48″	2′ 46″	106
		2′ 57″	2′ 55″	105			2′ 53″	2′ 51″	105
		3′ 01″	2′ 59″	104			2′ 58″	2′ 56″	104
		3′ 05″	3′ 03″	103			3′ 03″	3′ 01″	103
		3′ 09″	3′ 07″	102			3′ 08″	3′ 06″	102
		3′ 13″	3′ 11″	101			3′ 13″	3′ 11″	101
		3′ 17″	3′ 15″	100			3′ 18″	3′ 16″	100
		3′ 22″	3′ 20″	95			3′ 24″	3′ 22″	95
		3′ 27″	3′ 25″	90			3′ 30″	3′ 28″	90
	良好	3′ 34″	3′ 32″	85		良好	3′ 37″	3’ 35″	85
		3′ 42″	3′ 40″	80			3′ 44″	3′ 42″	80
	及格	3′ 47″	3′ 45″	78		及格	3′ 49″	3′ 47″	78
		3′ 52″	3′ 50″	76			3′ 54″	3′ 52″	76
		3′ 57″	3′ 55″	74			3′ 59″	3′ 57″	74
		4′ 02″	4′ 00″	72			4′ 04″	4′ 02″	72
		4′ 07″	4′ 05″	70			4′ 09″	4′ 07″	70
		4′ 12″	4′ 10″	68			4′ 14″	4′ 12″	68
		4′ 17″	4′ 15″	66			4′ 19″	4′ 17″	66
		4′ 22″	4′ 20″	64			4′ 24″	4′ 22″	64
		4′ 27″	4′ 25″	62			4′ 29″	4′ 27″	62
		4′ 32″	4′ 30″	60			4′ 34″	4′ 32″	60
	不及格	4′ 52″	4′ 50″	50		不及格	4′ 44″	4′ 42″	50
		5′ 12″	5′ 10″	40			4′ 54″	4′ 52″	40
		5′ 32″	5′ 30″	30			5′ 04″	5′ 02″	30
		5′ 52″	5′ 50″	20			5′ 14″	5′ 12″	20
		6′ 12″	6′ 10″	10			5′ 24″	5′ 22″	10

任务考核与自评

《国家学生体质健康标准》登记卡（大学样表） 学校________

姓名		性别		学号	
院（系）		民族		出生日期	

单项指标	大一			大二			大三			毕业成绩	
	成绩	得分	等级	成绩	得分	等级	成绩	得分	等级	得分	等级
体重指数（千克/米^2）											
肺活量（毫升）											
50米跑（秒）											
坐位体前屈（厘米）											
立定跳远（厘米）											
引体向上（男）/1分钟仰卧起坐（女）（次）											
1000米跑（男）/800米跑（女）（分·秒）											
标准分											
加分指标	成绩	附加分		成绩	附加分		成绩	附加分			
引体向上（男）/1分钟仰卧起坐（女）（次）											
1000米跑（男）/800米跑（女）（分·秒）											
学年总分											
等级评定											
体育教师签字											
辅导员签字											

注：高等职业学校、高等专科学校参照本样表执行。

学校签章： 年 月 日

任务二　大学生健康体适能促进指南

一、体适能的概念

体适能这一概念于20世纪90年代被引入我国，并逐步融入了我国体育健康教育领域，极大地影响了我国体育教育和健康观念，促进了人们体育观念的快速转变。体适能可视为身体对生活、活动与环境的综合适应能力，是一种满足生活需要和有足够的能量完成各种活动任务的能力。

体适能是从体育学角度评价健康的一个综合性指标，是指机体执行自身机能的能力，也是机体适应环境（包括自然环境和心理环境）的一种能力。理想的体适能状态是指机体能够精力充沛地从事日常工作，有余力享受休闲的娱乐生活，并能抵抗因运动不足而引发的疾病和应对突发的紧急状况。

二、健康体适能的四要素

健康体适能包括心肺适能、肌肉适能、柔韧性和身体成分四要素。

（一）心肺适能

心肺适能是机体摄取氧和利用氧的能力。心肺适能直接影响一个人在某一特定运动强度下持续身体活动的能力。在进行有一定强度的活动时，良好的心肺适能显得尤为重要。心肺适能好的人，较能应对长时间的身体活动，且较不易患心血管疾病。心肺适能越强，运动、学习和工作时就会越轻松，持续进行各种活动的时间也会越长。良好的心肺适能不仅能保证身体长时间有效工作，也是机体工作后疲劳快速消除和机能有效恢复所必需的。

（二）肌肉适能

肌肉适能包括肌肉力量与肌肉耐力。

肌肉力量是肌肉抵抗外力或移动重物的能力，一定的力量可使个体胜任那些需消耗体力的工作与娱乐活动。良好的肌肉力量有助于预防关节扭伤和肌肉疼痛。

肌肉耐力是肌肉重复工作的能力，是肌肉长时间持续收缩的能力。良好的肌肉耐力有助于对抗疲劳，即使长时间保持某种姿势或搬运重物，也能重复做动作而不易感到疲劳。

（三）柔韧性

柔韧性指关节活动的范围，即关节的肌肉、肌腱和韧带等软组织的伸展能力。良好的柔韧性有利于运动时关节在较大的范围内活动，并降低骨骼、肌肉或关节的损伤概率。柔韧性对于提高身体活动水平、维持正确的身体姿势、减少运动损伤具有重要意义。

（四）身体成分

身体成分指肌肉、脂肪、骨骼及其他组成机体成分的相对百分比。身体成分，特别是体脂和去脂体重，有年龄、性别、身材、种族和遗传等方面的差别。身体成分的含量和分布不仅会影响人的体质水平，而且会对人体健康产生影响。身体成分被认为是与健康相关的体质评价指标，可以用于监测营养状况、体液平衡状况和评价生长发育等，在临床和基础研究中具有重要意义，在运动员体重控制、减肥以及健美等方面也具有十分重要的指导意义。

三、发展健康体适能的方法

（一）发展心肺适能的方法

有氧运动是发展心肺适能的基本方法。

1. 有氧运动方式

有氧运动是指人体需氧量和摄氧量达到动态平衡的运动。做有氧运动时，体内较少产生乳酸堆积，心率和呼吸保持较为稳定的状态，因而持续运动时间长、安全性高、脂肪消耗多，有利于改善心血管系统的功能。常见的有氧运动方式包括慢跑、健步走、爬山、跳绳、划船、骑自行车和游泳等。

2. 有氧运动注意事项

健身效果与有氧运动的频率、强度和每次运动的持续时间有关。因此，大学生在进行有氧运动时，要科学地控制运动强度和频率。

（1）选择以大肌肉群参与为主，而不是以小肌肉群参与为主的运动方式。

（2）每周运动3～5次，每次运动的持续时间为30～60分钟。

（3）运动强度控制在靶心率范围内，在这个心率范围的练习既安全又有效。

（二）发展肌肉适能的方法

发展肌肉力量和肌肉耐力的练习有不少共同之处，可统称为力量练习。每周进行适当的力量练习，可以增加肌肉组织含量，提高肌肉力量和肌肉耐力，促进健康。根据肌肉收缩的类型，力量练习可分为等张练习、等长练习和等动练习。

1. 等张练习

肌肉以等张收缩的形式进行负重或不负重的动力性抗阻练习，称为等张练习或动力性练习，如负重蹲起、卧推、挺举等。等张练习是最常用的力量练习方法。等张练习的优点是能有效地提高动力性力量，改善神经肌肉的协调性；不足之处是在整个动作过程中不能保证肌肉每一次收缩的负荷都相等，导致在某些关节运动角度上肌肉负荷可能不足，在整个练习中负荷往往偏小。

2. 等长练习

肌肉以等长收缩的形式使人体保持某一特定位置或对抗固定不动的阻力的练习，称为等长练习或静力性练习，如靠墙静蹲、平板支撑等。等长练习能有效地提高静力最大力量和静力耐力。

3. 等动练习

等动练习是借助专门的等动训练器，在动力状态下完成的练习。在整个练习中关节运动在各角度上均受到相同的较大负荷，从而使肌肉在整个练习中均能产生较大的张力，是发展肌肉力量较好的方法之一。

（三）发展柔韧性的方法

发展柔韧性的目的是提高关节周围肌肉、肌腱和韧带等软组织的伸展性。经常做伸展练习可以保持肌肉、肌腱和韧带等软组织的弹性。柔韧性得到充分发展后，人体关节的活动范围将明显扩大，关节灵活性也将增强。这样做动作更加协调、准确、优美，同时在体育活动和日常生活中可以减少动作幅度加大、扭转过猛而产生的关节、肌肉等软组织的损伤。

1. 静态伸展

静态伸展是使肌肉在最大伸展位置上维持一定伸展时间的练习，它缓慢地将肌肉、肌腱和韧带拉伸到有一定酸、胀、痛感的位置，并维持此姿势一定时间。关于在酸、胀、痛感的位置停留的最佳时间，目前的研究尚无定论，一般认为10～30秒是一个理想的时间，每块肌肉的伸展连续重复4～6次为宜。

这种肌肉伸展方法可以较好地控制拉伸时所使用的力量，比较安全，尤其适合活动较少或未经训练的人。它可以降低超过关节伸展能力的危险性，避免拉伤，而且拉伸缓慢，不会引起牵张反射。

2. 动态伸展

动态伸展是有节奏地、速度较快地、幅度逐渐加大地多次重复一个动作的拉伸方法。动态伸展分为主动的动态伸展和被动的动态伸展。主动的动态伸展是靠自己的力量拉伸，并重复地收缩收缩肌来达到拮抗肌的快速伸展效果；被动的动态伸展是借助同伴的帮助或负重等外力的拉伸方法。

利用主动动作或被动动作产生的动量来伸展肌肉，所用的力量应与被拉伸关节的可伸展能力相适应。如果大于肌肉组织的可伸展能力，肌肉就会被拉伤。运用该方法时，用力不宜过猛，幅度一定要由小到大，可先做几次小幅度的预备拉伸，再逐渐加大幅度，避免拉伤。

3. 本体感受神经肌肉伸展法

本体感受神经肌肉伸展法最初被用于对各种神经肌肉瘫痪患者的治疗，后来才被当作正常人改善肌肉柔韧性的伸展方法。现在流行的本体感受神经肌肉伸展法包括慢速伸展—保持—放松法、收缩—放松法和保持—放松法三种。这些方法都包含收缩肌和拮抗肌的支持收缩与放松。

以伸展股后肌群为例，慢速伸展—保持—放松法有几个步骤：首先仰卧，膝关节伸直，脚面与小腿成90°角，同伴帮助推一条腿，弯曲髋关节至有轻微酸痛感；此时开始收缩股后肌群以抵抗同伴的推力，持续10秒以后，放松股后肌群而收缩股四头肌（收缩肌）；同伴再加力帮助伸展股后肌群（拮抗肌），放松过程持续10秒，此时，从这个关节新的角度开始，再一次对抗同伴的推力，这样的过程至少重复三次。

收缩—放松法和保持—放松法是慢速伸展—保持—放松法的变形。在收缩—放松法中，股后肌群等张收缩，因此，事实上，腿在被推的过程中朝推力的反方向移动；而在保持—放松法中，股后肌群做等长收缩。在放松阶段，这两种方法都包括股后肌群和股四头肌的放松，股后肌群被动地伸展。

（四）改善身体成分的方法

改善身体成分的方法主要包括减少脂肪和增加肌肉，这里只介绍减少脂肪的方法。

1. 膳食

利用膳食控制体重时，要使每天摄取的能量低于消耗的能量，使能量负平衡；但能量的减少必须缓慢而持久，逐步使体内实现新的能量平衡，这样才能逐步促进体内脂肪的消耗。更为主要的是改变生活方式，积极参加体育活动，改变不良生活习惯。

2. 运动

（1）游泳。在各种运动中，相对理想的减肥运动是游泳。游泳是一项消耗热量较多的运动。这是因为游泳时人的新陈代谢速度很快，30分钟就可以消耗1100千焦的热量，而且这样的代谢速度在人离开水以后还能保持一段时间。水的传热性是空气的28倍，人在水里停留8分钟所消耗的热量与在同样温度的空气中2小时所消耗的热量相同。

另外，游泳时，人体靠水的浮力浮起，手足并用，全身的关节、肌肉均匀地协调起来，各个部位都得到舒展，使形体变得更匀称。

（2）慢跑。简单易行的跑步被称作“有氧代谢之王”，而跑步中的慢跑更是被称作健身跑。慢跑动作简单，运动量也很容易调整，瘦身的效果更显著。

在慢跑中，腰、背和四肢都在不停地运动，慢跑除了能有效健身外，还能燃烧脂肪，从而减少体内脂肪的存储，达到瘦身的效果。需要注意的是，慢跑要及时补充水分。每天最好跑3000～5000米，跑完后要进行15分钟左右的肌肉拉伸。

任务考核与自评

健康体适能四要素

姓名：	院（系）：	学号：	日期：
心肺适能：			
肌肉适能：			
柔韧性：			
身体成分：			
得分：			
体育教师签字：			日期：

项目三 运动项目选择与运动处方制订

学习任务目标

项目任务

- 任务一
  - （1）了解运动项目的分类。
  - （2）了解运动项目的选择。
- 任务二
  - （1）熟悉运动处方的概念。
  - （2）掌握大学生常见运动处方的制订。

任务一　运动项目选择指南

一、运动项目的分类

任何分类都必须遵循一定的要求和规则，运动项目也是如此。运动项目具有多方面的属性，因此相应地也就具有多个可选择的分类标准，如按运动的目的分类，按竞技能力的主导因素分类，按运动项目的动作结构分类，按奥运项目、非奥运项目分类，等等。

（一）按运动的目的分类

按运动的目的，运动项目可分为健身类运动项目、健美类运动项目、娱乐类运动项目、竞技类运动项目等。

1. 健身类运动项目

健身类运动项目的目的是健身和预防疾病。健身类运动项目的动作一般比较简单、轻缓、强度不大，如健身走、健身跑、太极拳、健身气功和各种徒手或带器械的体操（如保健操、广播操、工间操）等，都是很好的健身手段。日常坚持锻炼可以起到预防疾病、增进健康的作用。

2. 健美类运动项目

健美类运动项目不仅为了健身，而且为了美。随着社会的发展，人们对自身不仅要求无病、健康，而且要求更加完美，包括体形健美、姿态端正、动作协调、行动矫健，这是社会发展和人们自身发展的必然需要。健美类运动项目有很多，如艺术体操、健美操、花样滑冰、体育舞蹈等。这些运动可以培养人的审美能力和身体的自我表现能力。为了塑造健美的体形和展现动作的力度美，一些力量性和技巧性运动的练习是必不可少的。

3. 娱乐类运动项目

娱乐类运动项目的主要目的是玩儿、放松，获得积极性的休息。娱乐类运动项目的特点是富有趣味、轻松愉快。这类运动项目可以使人活动身体、调节精神，放松工作造成的紧张情绪。娱乐类运动项目内容繁多，受到不同年龄段人群的普遍欢迎，如棋类、钓鱼、康乐球、高尔夫球等。

4. 竞技类运动项目

竞技类运动项目的主要目的是提高机体的竞技能力，以便通过竞赛活动创造优异的运动成绩，培养人的竞争性，以运动适应社会生活。竞技类运动项目的竞赛性强，强度和难度都较大，要求有较高的技艺。

（二）按竞技能力的主导因素分类

按竞技能力的主导因素，运动项目可分为体能主导类运动项目和技能主导类运动项目。

1. 体能主导类运动项目

体能主导类运动项目，以体能的主要表现形式为二级分类标准，又可以分为速度力量型运动项目、速度型运动项目和耐力型运动项目。

（1）速度力量型运动项目包括田径中的跳跃、投掷和举重等，要求练习者有高度爆发力。

（2）速度型运动项目包括一切短距离的竞速运动项目，如短距离跑、短距离游泳、速度滑冰等。

（3）耐力型运动项目包括中长距离及超长距离的走、跑、骑、游、滑、划类运动项目。

2. 技能主导类运动项目

技能主导类运动项目，以技能的主要表现形式为二级分类标准，又可分为表现型运动项目和对抗型运动项目。

（1）表现型运动项目包括表现难美型运动项目和表现准确型（也叫技能准确型）运动项目。表现难美型运动项目包括在水、陆、空、冰等不同场地中完成高难度的精彩动作，同时展示运动美和身体美的所有徒手的和持器械的运动项目，如体操、花样滑冰等。表现准确型运动项目包括射击、射箭等。

（2）对抗型运动项目包括同场对抗型运动项目、隔网对抗型运动项目、格斗对抗型运动项目。同场对抗型运动项目包括足球、篮球、手球等，隔网对抗型运动项目包括乒乓球、羽毛球、网球、排球等，格斗对抗型运动项目包括摔跤、柔道、拳击、击剑等。

（三）按运动项目的动作结构分类

按运动项目的动作结构，运动项目可分为单一动作结构类运动项目、多元动作结构类运动项目和多项组合结构类运动项目。

1. 单一动作结构类运动项目

单一动作结构类运动项目，以动作的组合形式为二级分类标准，又可分为周期性运动项目、非周期性运动项目两个亚类。其中，周期性运动项目要求运动员在一次完整的专项运动中多次重复结构相同的单一动作，包括走、跑、自行车竞速运动等。

2. 多元动作结构类运动项目

多元动作结构类运动项目，以动作的组合形式为二级分类标准，又可分为固定组合类运动项目和变异组合类运动项目两个亚类：固定组合类运动项目的动作组合形式在比赛中固定不变，如体操、武术套路、艺术体操等的单项比赛项目；变异组合类运动项目的动作组合形式随着比赛中情况的变化而变化，如各种球类运动、拳击、摔跤等。

3. 多项组合结构类运动项目

多项组合结构类运动项目，以动作的组合形式为二级分类标准，又可分为同属多项组合类运动项目和异属多项组合类运动项目两个亚类：同属多项组合类运动项由同一大项的若干个子项目组成，如田径十项全能；异属多项组合类运动项目则由不同大项的若干个项目组成，如现代五项、铁人三项等。

（四）按奥运项目、非奥运项目分类

1. 奥运项目

奥运项目：田径、游泳、跳水、射箭、射击、羽毛球、拳击、篮球（包括三人制篮球）、皮划艇、自行车、马术、击剑、足球、体操（竞技体操、艺术体操、蹦床）、手球、曲棍球、柔道、现代五项、赛艇、帆船帆板、乒乓球、跆拳道、网球、铁人三项、排球（包括沙滩排球）、举重、摔跤、高尔夫球（里约奥运会增加）、空手道、滑板、冲浪、攀岩、棒垒球（东京奥运会恢复）等。

2. 非奥运项目

非奥运项目：保龄球、台球、板球、体育舞蹈、壁球、武术、棋类（围棋、象棋）、藤球、橄榄球、卡巴迪、龙舟等。

二、运动项目的选择

运动项目的选择对于健身运动有很重要的意义，运动项目与运动强度和健身效果有密切关系，所以要合理地选择运动项目。

（一）依据年龄段选择运动项目

（1）青少年选择健身运动主要以个人爱好为准，应选择技巧灵活，并对身高体形有良性作用的运动项目，如游泳、跑步、爬山、滑冰、滑雪、健身体操、球类运动、武术等。

（2）成年人选择健身运动以力量性和动力性运动项目为主，目的是发展力量，强壮肌肉，增加机能储备，提高健康水平，如非比赛性的球类运动、跑步、爬山、骑自行车、武术、游泳等运动项目。

（3）中老年人健身应选择安全性好、少负重、动作轻柔的运动项目，如徒步走、慢跑、健身体操、体育舞蹈、太极柔力球、太极拳（剑）、游泳、小球运动（乒乓球、网球、羽毛球）等。

（二）依据自己的身体情况选择运动项目

在选择运动项目前要了解自己的身体素质，因为大多数运动项目对人的身体素质有一定要求，适合自己身体条件的运动项目才是最合适的。另外，最好在开始一项运动之前做一个身体检查，排除隐性的运动风险。

任务考核与自评

运动项目的分类标准

姓名：	院（系）：	学号：	日期：
运动项目的分类标准：			
得分：			
体育教师签字：			日期：

任务二　大学生运动处方制订

一、运动处方的概念

运动处方是20世纪50年代由美国生理学家卡波维奇提出的，1969年被世界卫生组织使用，逐渐在国际上得到普遍认可。

运动处方指针对个人的身体状况而制订的一种科学的、定量化的周期性锻炼计划。运动处方是根据对锻炼者所测试的实验数据，按其身体健康状况、体力情况及运动目的，用处方的形式制订适当的运动类型、强度、时间及运动频度，使锻炼者进行有计划的周期性运动的指导方案。

二、运动处方的内容

运动处方的内容包括运动目的、运动类型、运动强度、运动时间、运动频率和注意事项。

（一）运动目的

运动处方的目的是通过有目的的体育锻炼达到预期的效果。由于个体的情况千差万别，运动处方的目的也不尽相同。运动处方的目的包括：

（1）促进人体生长发育。

（2）保持健康，延缓衰老。

（3）增强体质，提高工作效率。

（4）调节心理状态，丰富业余文化生活。

（5）掌握运动技能，提高竞技水平。

（二）运动类型

在运动处方中，为大学生提供合适的运动项目关系到锻炼的有效性和持久性。选择运动类型，要考虑运动目的，如是健身的还是治疗的；也要考虑运动条件，如场地器材、余暇、气候等；还要结合体育兴趣爱好等。

（三）运动强度

人体运动中，运动强度指单位时间内移动的距离或速度，或者是肌肉单位时间内所做的功。运动强度是否恰当，直接影响到锻炼效果与锻炼者的安全。所以，应按照个人的特点，规定锻炼时应达到的适应强度。运动中能够获得最佳锻炼效果且确保安全的运动心率称为靶心率，确定靶心率的方法有两种：①取最大心率的70%～85%；②取负荷强度相当于50%～70%最大摄氧量时的心率。一般认为大学生心率120次/分以下为小强度，120～150次/分为中强度，150～180次/分或180次/分以上为大强度。测量运动强度的简单办法是：测量运动后10秒脉搏×6，也就是1分钟的心率。适宜运动强度范围可用靶心率来控制：以本人最高心率70%～85%的强度为标准，靶心率=（220−年龄）×（70%～85%），如20岁的靶心率是140～170次/分。最适宜运动心率的计算公式如下：

最大心率=220−年龄

心率储备=最大心率−安静心率

最适宜运动心率=心率储备×75%+安静心率

人体最适宜运动心率是随年龄增大而减小的。

（四）运动时间

运动时间就是持续参与体育锻炼的时间。每次运动所需要的时间应根据运动强度、运动量的大小、运动目的、运动项目以及自身身体健康状况等多因素而定。运动强度与运动时间的长短成反比，运动强度大，则运动时间相对短；运动强度小，则运动时间相对长。一般参与体育锻炼除了必要的准备活动与整理活动时间外，要坚持20分钟以上才能达到相应的锻炼效果。

（五）运动频率

运动频率指每周的锻炼次数。关于运动频率，有研究表明，1周运动1次，肌肉酸痛和疲劳每次都发生，运动后1～3天身体不适，效果不蓄积；1周运动2次，酸痛和疲劳减轻，效果有点蓄积，不明显；1周运动3次，无酸痛和疲劳，效果蓄积明显；1周运动4～5次，效果更加明显。由此可见，1周运动3次以上，效果才明显。

因为人体存在个体差异性，受性别、年龄、身体健康状况等因素的影响，所以在参与体育锻炼的次数安排上要因人而异、因时而定、量力而行。

（六）注意事项

以治疗和康复为目的的运动处方应指出禁忌参加的运动项目、健身运动中自我观察指征和停止运动的指征，重视准备活动和整理活动等。大学生应掌握和了解一些必要的体育卫生知识，如运动后不要立即坐下或躺下，应该进行积极性的休息，如走步或做一些身体活动，避免引起重力性休克或其他身体不适，不能立即吃生冷食物，不能马上洗冷水澡或游泳等；同时应该了解和掌握一些健康运动的体育卫生知识，做到科学健身。

三、大学生常见运动处方的制订

（一）大学生减脂的运动处方示例

运动目的：减脂，保持和增强体力，预防肥胖并发症。

运动类型：有氧耐力运动，如健步走、慢跑、骑自行车、游泳、跳绳等。

运动强度：60%～70%最大心率，相当于50%～60%最大摄氧量，或者心率保持在120～135次/分范围内。

运动时间和频率：每次1小时左右，不少于30分钟；每周4～5次。

运动内容：

（1）准备活动5分钟。做腰、腿、髋关节轻微活动。

（2）慢走与快走交替20分钟。例如，步行慢—快—慢相结合；或者用10分钟走完1200米，速度为2步/秒，再用10分钟走完1300米；或者慢跑20分钟。

（3）基础体力练习15分钟。例如，仰卧起坐20个（手抱头或不抱头均可），俯卧撑20个×2组，俯卧抬起上体20个，提踵50次，蹲跳起20次。

（4）放松整理活动5分钟。做放松操，调整呼吸。

（5）以上全部内容锻炼45分钟，共消耗热量约1300千焦，此热量相当于米饭95克或煎鸡蛋3个。

注意事项

（1）锻炼时感觉轻松或过于吃力时，可稍微调节内容和次数。

（2）以锻炼后第二天不感到疲劳为宜，可每周适当增加运动量。

（3）严寒、酷暑或身体不适时应停止锻炼。

（4）科学进餐，平衡膳食。

（二）大学生发展力量（增长肌肉）的运动处方示例

运动目的：增加肌肉体积，发展肌肉协调性。

运动类型：抗阻训练，如举重。

训练方法：金字塔训练法，即随着负荷的递增，重复次数逐渐递减。开始负荷轻，次数组数多，类似塔基；最后负荷重，只能重复一次，类似塔尖。开始负荷为最大负荷的70%，做4组，每组4次；递增负荷至80%，做3组，每组3次；递增负荷至90%，做2组，每组2次；100%负荷做1组，每组1次。

运动时间：40～45分钟/次。

运动频率：2～3次/周。

注意事项

（1）开始训练时，使用的负荷要较轻，组数也要较少。

（2）举重时不要憋气，因为这会造成血压和心脏的负担急剧增加，限制血液回流到心脏。憋气还会造成腹压增大，形成疝气。

（3）举起重物时要呼气，放下重物时要吸气。

（4）在训练中，应交替训练主要肌群。在一次训练课中，各组训练之间应留有足够的休息时间。

（5）训练前要做好充分的准备活动，准备活动主要是伸展活动；训练后要做好包括伸展活动在内的整理活动。

（三）大学生失眠的运动处方示例

运动目的：缓解压力，改善睡眠。

运动时间：10周，以早晨锻炼为主。

运动频率：3～4次/周或根据情况调整。

运动强度：50%～60%最大摄氧量。

每次活动安排：

（1）准备活动：5～10分钟，使心率逐渐进入靶心率范围。

内容：由慢走到慢跑5分钟，肌肉拉伸练习5分钟。

（2）基本部分：

①性情急躁、易兴奋的患者采用走、跑交替的方式。400米匀速跑加200米走交替进行。每次20～30分钟。

②有头痛的患者以长距离散步为主，速度每分钟70步左右，距离2～2.5千米。可使用计步器进行监控。

③改善焦虑可选择打太极拳30分钟、匀速慢跑15分钟混合锻炼。

④情绪较差、萎靡不振的患者可选择娱乐性较强的运动，如乒乓球、篮球、划船、跳绳、踢毽子等。每次30分钟。

（3）整理活动：5～10分钟。

内容：以放松走和拉伸体操为主。

心率监控：活动时每5～10分钟由桡动脉或颈动脉测定一次脉搏，及时调整负荷强度，使其维持在适宜的强度范围内。

注意事项

（1）生活要有规律，不能因睡眠不好而改变睡眠节奏，起床时间固定，锻炼时间也要固定。

（2）从锻炼的效果与安全性的角度出发，每天运动时间的安排至少应考虑两方面因素：一是人的生物节律，二是锻炼时的环境。心脑血管疾病患者最好在早上八九点钟之后进行晨练。

任务考核与自评

为自己制订一个运动处方

<table>
<tr><td>姓名：</td><td>院（系）：</td><td>学号：</td><td>日期：</td></tr>
<tr><td colspan="4">运动处方：</td></tr>
<tr><td colspan="4">得分：</td></tr>
<tr><td colspan="3">体育教师签字：</td><td>日期：</td></tr>
</table>

项目四 球类运动

学习任务目标

项目任务

- 任务一
  - （1）了解足球的起源与发展。
  - （2）掌握足球基本技术。
  - （3）熟悉足球基本战术。
- 任务二
  - （1）了解篮球的起源与发展。
  - （2）掌握篮球基本技术。
  - （3）熟悉篮球基本战术。
- 任务三
  - ）了解气排球的起源与发展。
  - ）掌握气排球基本技术。
  - ）熟悉气排球基本战术。
- 任务四
  - ）了解羽毛球的起源与发展。
  - ）掌握羽毛球基本技术。
  - 熟悉羽毛球基本战术。

任务一　足球

一、足球概述

（一）足球的起源与发展

足球运动的发展已有几千年的历史。古代足球起源于中国。我国是足球运动开展最早的国家，在春秋战国时期就有了叫作“蹴鞠”的脚球游戏。经过唐宋时期，这种游戏有了新的发展，出现了“气球”（内胆充气的球），球门、场地有了改进和完善，比赛位置有了明显区分，设立了奖罚制度。

现代足球运动起源于英国。16世纪以后，足球游戏在欧洲一些国家盛行起来。19世纪下半叶足球有了新的发展。1857年英国成立了第一个足球俱乐部。1863年10月26日，英国伦敦成立了世界上第一个足球运动组织——英格兰足球协会，并制定和通过了第一部较为统一的足球竞赛规则，促进了现代足球运动的发展。

国际足球联合会（以下简称“国际足联”）是1904年5月21日在法国巴黎由法国、瑞士、比利时、西班牙、荷兰、丹麦、瑞典等七国联合发起成立的。至今，国际足联已拥有200多个会员，是目前最大的国际单项组织，总部设在瑞士的苏黎世。

目前，重大的国际足球比赛有国际足联世界杯、奥运会足球比赛、世界青年足球锦标赛等。

（二）足球的特点

足球运动是一项激烈且富有魅力的运动。足球运动具有参加人数多、技术复杂、战术丰富、对抗性强等特点，是世界上开展非常广泛、国际交往非常频繁、影响力非常大的运动项目之一。

1. 整体性

足球运动的整体性特征是由其竞技性质和比赛要求所决定的。足球比赛是每队11人上场参赛的集体球类项目，场上11人虽位置、职责、分工不同，但必须按照既定的战术策略和要求协同一致，形成一个严密的整体，做到目标、思想、行动“三统一”，攻则全动，守则全防，只有形成整体的攻守，队伍才有战斗力，才能取得比赛的主动权。

2. 对抗性

技术、战术、身体、心理等因素的综合对抗和全面较量是当今足球比赛的显著特征。足球比赛以控球权的争夺为焦点，始终贯穿进攻与防守、制约与反制约、限制与反限制的激烈对抗。据统计，一场高水平足球比赛双方攻守转换接近300次，一半以上的技术动作是在强对抗条件下运用或完成的，冲撞抢位、贴身紧逼、倒地铲断、高空争顶等各种形式的对抗越来越多，越来越激烈。

3. 多变性

技术多样、战术多变、胜负难测是当今足球运动的另一特征。全面型足球的问世打破了运动员职责范围的局限性，运动员技战术能力的单一性被全面性替代，运动员成了比赛场上的多面手，既能攻，又能守。技术的全面化增加了战术的多变性。现今足球比赛攻守转换快速而频繁，运动员位置和职责随着比赛进程的变化而变化，技术的全面提高和多变的战术打法使比赛充满活力和悬念。

二、足球基本技术

（一）踢球

踢球技术包括脚内侧踢球技术、脚背内侧踢球技术、脚背正面踢球技术和脚背外侧踢球技术。

1. 脚内侧踢球技术

直线助跑，最后一步要大，支撑脚向前跨步支撑时，脚掌要稍离地面，快速积极落地支撑。落地时，以脚后跟先落地，滚动式向前过渡到全脚掌支撑。支撑腿的膝关节要适当弯曲，以保持身体重心的稳定。支撑脚与球的前后距离以支撑脚的脚尖与球的前沿保持平齐为准，左右距离以支撑脚的内侧沿与球的外侧沿保持10～15厘米为宜。在支撑脚落地支撑的同时，踢球腿大小腿折叠靠拢（在大腿后伸状态下），然后以大腿带动小腿由后向前摆动，在前摆过程中，大腿向外旋转，带动膝关节向外侧移动，使踢球脚的脚内侧正对出球方向，小腿加速前摆，踝关节保持适当的紧张，使脚掌与地面保持平行并保持住这种脚形，用脚内侧（脚弓上方）部位触球的正中后部，将球踢出。踢球后身体重心随踢球腿的前摆向前移动。（图4-1-1）

图4-1-1

2. 脚背内侧踢球技术

斜线助跑，助跑方向与出球方向约成45° 角。助跑最后一步要大，以本人跨一大步的距离为宜。支撑脚落地时以脚跟及脚掌的外侧沿先着地，然后过渡到全脚掌。支撑脚脚尖指向出球方向，膝关节微屈，支撑身体重心，上体略向支撑脚一侧倾斜并稍侧转体（支撑脚一侧的肩部稍向前，踢球脚一侧的肩部稍向后）。支撑脚与球的前后距离以支撑脚脚尖与球的前沿保持平齐为宜，左右距离以支撑脚的内侧沿与球的外侧沿保持15～20厘米为宜（不同骨盆宽度的人可以适当调整支撑脚与球的左右距离，但一般不应超过25厘米）。在支撑脚着地的同时踢球腿以髋关节为轴，大腿带动小腿由后向前摆动（大小腿折叠要紧），当踢球腿膝关节摆至球的内侧垂直上方时，小腿做爆发式前摆（大小腿突然打开），脚尖稍向外侧转，脚尖指向斜下方，脚背绷紧固定，以脚背内侧部位踢球的正中后部（踢高球时，可踢球的中下部）。踢球后身体重心随踢球腿的前摆向前移动。（图4–1–2）

图4–1–2

3. 脚背正面踢球技术

直线助跑，最后一步要大，呈跨步，支撑脚要积极跨步落地，以脚后跟先着地，形成滚动式着地支撑。支撑脚与球的前后距离以支撑脚的脚尖与球的前沿保持平齐为宜，过前或过后都会影响踢球的效果，左右距离以支撑脚的内侧沿与球的外侧沿保持10～15厘米为宜，一般不应超过20厘米。在支撑脚落地支撑的同时，踢球腿大腿带动小腿（大小腿折叠要紧）由后向前摆，当膝关节摆到球的垂直上方时，大腿制动减速而小腿爆发式突然加速前摆，以脚背正面部位触踢球的正中后部。踢球后身体重心随踢球腿的前摆向前移动。（图4–1–3）

4. 脚背外侧踢球技术

踢平直球时，助跑、支撑位置与姿势、踢球腿的摆动基本与脚背正面踢球动作相同，只是用脚背外侧部位触球。在踢球腿的膝关节摆到球的垂直上方时，小腿做爆

图4-1-3

发式前摆。小腿前摆时，脚尖向内转并向下指，踝关节内收并旋内，脚背绷紧，脚趾扣紧，以脚背外侧部位触球的正中后部。踢球后身体重心随踢球腿的前摆向前移动。（图4-1-4）

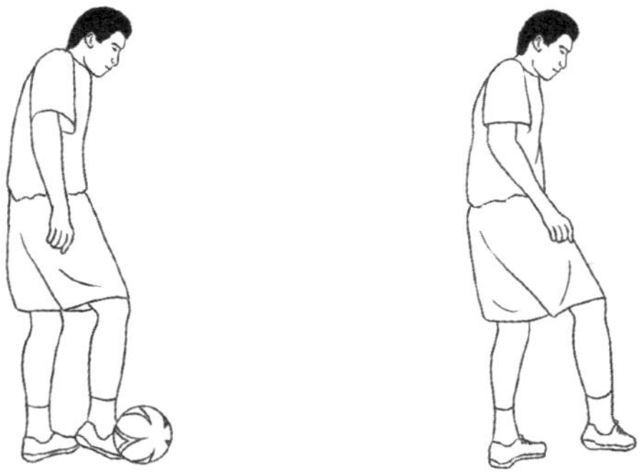

图4-1-4

（二）接球

接球技术包括脚内侧接球技术、脚背正面接空中球技术、脚背外侧接球技术和大腿接球技术。

1. 脚内侧接球技术

脚内侧接球技术分为脚内侧接地滚球、脚内侧接反弹球、脚内侧接空中球。

脚内侧接地滚球：支撑脚正对来球，膝关节微屈，稳固地支撑身体重心，以保证身体重心平衡。接球腿屈膝外转并前迎，接球脚以脚内侧部位触球，在球与脚接触前的瞬间，开始向后回撤，缓冲来球力量，在后撤过程中将球接在自己控制范围之内和下一个动作需要的位置上。（图4-1-5）

图4–1–5

脚内侧接反弹球：支撑脚在球的落点的侧前方（根据接球的方向不同，可以调整支撑脚的位置），膝关节屈曲，稳定地支撑身体重心，以保证身体重心平衡。上体稍向接球方向倾斜并稍前倾。接球脚提起，踝关节适当紧张（脚尖适当勾起，脚内侧部位对准球的反弹路线）。当球落地反弹刚离地面时，接球脚以脚内侧部位触压球的外侧中上部，将球接在支撑脚的附近位置以便连接下一个动作。

脚内侧接空中球：支撑脚的位置一般在球的侧方大约15厘米的距离，支撑腿屈膝，稳定地支撑身体重心，两臂自然张开以维持身体平衡。根据来球的高度和位置，接球脚举起，以脚内侧部位对准来球，接球脚踝关节保持适当紧张，以控制脚形并适当前迎。在球与脚接触前的瞬间，接球脚向后回撤，缓冲来球力量，在后撤过程中将球接在自己控制范围之内和下一个动作需要的位置上。

2. 脚背正面接空中球技术

脚背正面接空中球技术有两种：一种是支撑腿屈膝，稳定地支撑身体重心，支撑位置一般在球的侧后方。接球腿屈膝抬脚，踝关节保持适当紧张，以脚背正面正对来球，在球下落触到脚背前的瞬间接球，脚向下回撤将球接在自己控制范围之内和下一个动作需要的位置上，并快速连接下一个动作。（图4–1–6）

图4–1–6

另一种是接球脚基本不向上抬起，而是脚背向上勾起，踝关节保持中度紧张，在接近地面高度5～10厘米处触球，通过球下落的冲击力将勾起的接球脚背砸下去缓冲球的力量，将球接在自己控制范围之内和下一个动作需要的位置上，并快速连接下一个动作。

3. 脚背外侧接球技术

脚背外侧接球技术分为脚背外侧接地滚球和脚背外侧接反弹球。

脚背外侧接地滚球：面对来球，支撑腿屈膝，稳定地支撑身体重心，支撑位置常常在球的侧面。接球脚稍提起，膝关节和脚尖稍内转（向支撑脚一侧靠近），以脚背外侧正对来球，在支撑脚的前侧方触球外侧部位（球体靠近支撑脚一侧的部位）。在脚触球时踝关节要适当紧张，并伴有一个向接球方向推送的拨球动作，将球控制在下一个动作需要的位置上，并快速连接下一个动作。（图4–1–7）

图4–1–7

脚背外侧接反弹球：面对来球，支撑腿屈膝，稳定地支撑身体重心，支撑位置常常在球的侧面。接球脚稍提起，膝关节和脚尖稍向支撑脚一侧靠近，脚尖稍向内上方勾起（脚内翻状态），以脚背外侧正对来球，并使接球腿小腿及接球脚与地面形成一个夹角，在球刚反弹离地面时接球脚脚背外侧于支撑脚的前侧方触球外侧上部（球体靠近支撑脚一侧的部位）。在脚触球时踝关节要适当紧张，并伴有身体重心向接球方向倾斜移动的动作，将球控制在下一个动作需要的位置上，并快速连接下一个动作。

4. 大腿接球技术

大腿接球技术分为大腿接高球和大腿接平球。

大腿接高球：面对来球，支撑腿屈膝，稳定地支撑身体重心，接球腿向前上方屈膝抬起，以大腿中部正对来球，肌肉适当紧张，大腿在与球接触前的瞬间向下撤引，在撤引过程中接控球，将球控制在下一个动作需要的位置上。（图4–1–8）

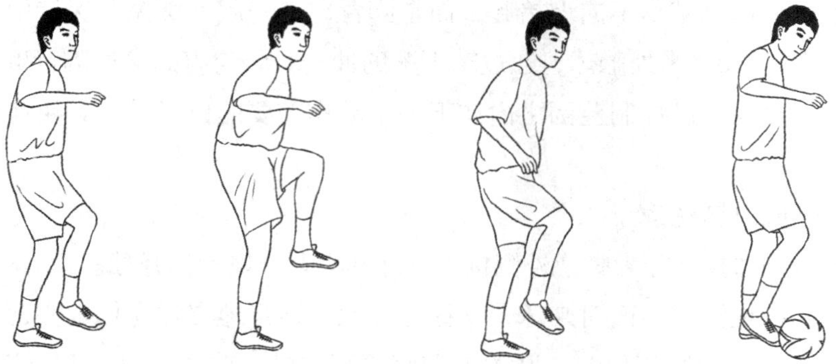

图4-1-8

大腿接平球：面对来球，支撑脚稳定地支撑身体重心，接球腿屈膝前迎，以大腿中部正对来球，肌肉适当紧张，在大腿与球接触前的瞬间，小腿迅速向后下方撤引（接球腿的大小腿呈伸直状态），在撤引过程中接控球，将球控制在下一个动作需要的位置上。

（三）运球

运球技术包括脚背正面运球技术、脚背外侧运球技术、脚背内侧运球技术和脚内侧运球技术等。

1. 脚背正面运球技术

脚背正面运球多在越过对手之后，前方纵深距离较长，仍需要快速运球前进的情况下使用。跑动时身体自然放松，上体稍前倾，两臂自然摆动，步幅要适当。运球脚提起的同时，膝关节弯曲，脚跟提起，脚尖下指，在迈步伸脚着地前，用脚背正面推拨球前进。（图4-1-9）

图4-1-9

2. 脚背外侧运球技术

跑动时身体自然放松，上体稍前倾，两臂自然摆动，步幅不宜过大。运球脚提起的同时，膝关节弯曲，脚跟提起，脚尖稍内转，在迈步伸脚着地前，用脚背外侧向前推拨球，使球以曲线或弧线运行。（图4–1–10）

图4–1–10

3. 脚背内侧运球技术

跑动时身体自然放松，上体稍前倾，并稍向运球方向转动，两臂自然摆动，步幅要小些。运球脚提起的同时，膝关节弯曲，脚跟提起，脚尖稍外转，在迈步伸脚着地前，用脚背内侧向前推拨球，使球向前侧以曲线或弧线运行。（图4–1–11）

图4–1–11

4. 脚内侧运球技术

运球时，支撑脚稍向前跨，踏在球的前侧方，膝关节稍弯曲，上体前倾并向里转。随着身体的向前移动，运球脚蹬地提起，用脚内侧推球的后中部。（图4–1–12）

图4-1-12

三、足球基本战术

足球基本战术是指在足球比赛中，为了战胜对方，根据主客观情况所采取的个人行动和集体配合的方法。随着足球运动的发展，人们对足球战术有了新的、更深入的认识，新的战术层出不穷且随时变化。战术的运用以体能为前提、以技术为基础、以心理智能为保证，因此，现代足球对运动员的综合能力提出了更高的要求。

（一）集体进攻战术

集体进攻战术在比赛中注重进攻效率，在没有良好的突破机会时队员会耐心地寻找时机，不盲目地将球传到对方防守腹地，以让前锋队员在乱中寻找机会。集体进攻战术突出简练，控球队员多通过传球突破对方防守，较少采用个人运球突破等复杂战术，因此，集体进攻战术注重对球的安全控制，不轻易将控球权丢失，不轻易冒险。

集体进攻中常常有组织、有计划地利用多名无球队员统一行动，一部分无球队员利用跑位在对方防守阵形中制造空当，另一部分无球队员则抓住时机利用这些空当在进攻中形成整体打法。

1. 边路进攻

利用球场两侧区域发起进攻的方法叫作边路进攻。边路进攻是集体进攻战术的主要形式之一。边路进攻的发起、推进通常有两种渠道：一是进攻过程始终沿边路而行，二是通过中路转移至边路。

2. 中路进攻

中路进攻是利用球场中间区域组织的进攻，这种进攻虽能直接射门，但难度最大，因中路防守最为严密，前攻击手必须是反应极其敏锐、意识强、技术高、敢于冒险、速度快和善于跑位策应的队员。

3. 快速反击

比赛中当攻方进攻时，后卫线往往压至中场附近，防守人数也由于插上进攻和助攻而相对减少，此时如能抓住对方防区空隙较大和回防较慢的机会，趁其失球发动快速反击，往往具有良好的效果。快速反击是最有威胁的进攻手段，有效的进攻在于突然快速地反击，但其难度较大，既要冒险，又要有准确、快速的传切配合技能。快速反击要有组织，配合要极为默契，必须进行专门的训练，否则很难在比赛中实施。

（二）常用阵形

1. “四三三”阵形

“四三三”阵形，后防稳固，攻防机动灵活，是世界足坛运用非常广泛的阵形之一。很多球队根据不同的情况，将其改进为“四二一三”“四一二三”等阵形。（图4-1-13）

2. “四四二”阵形

“四四二”阵形也是常用的阵形之一，有平行站位和菱形站位两种。（图4-1-14）

3. “三五二”阵形

在20世纪80年代的欧洲足球锦标赛和第13届世界杯足球赛上就已出现的“三五二”阵形（图4-1-15）也是现代足球常用的阵形。防守时，边后卫后撤防守，“三五二”阵形变为“五三二”阵形；进攻时，边后卫向中场推进并伺机插上进攻，此时“五三二”阵形变为“三五二”阵形。

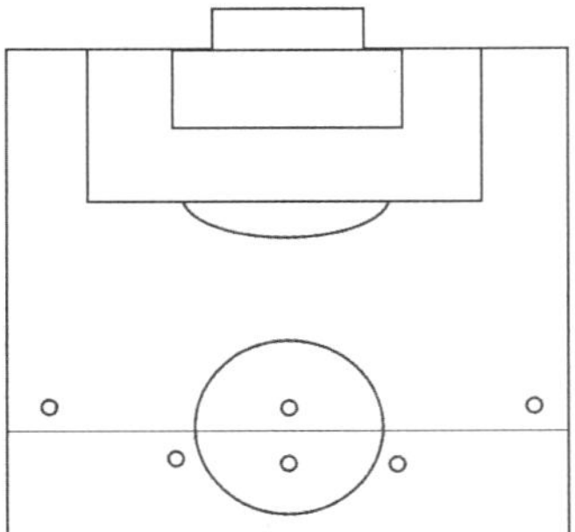
图4-1-13

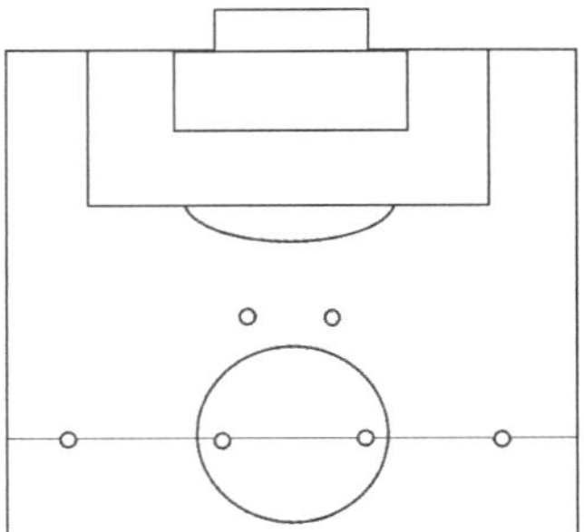
图4-1-14

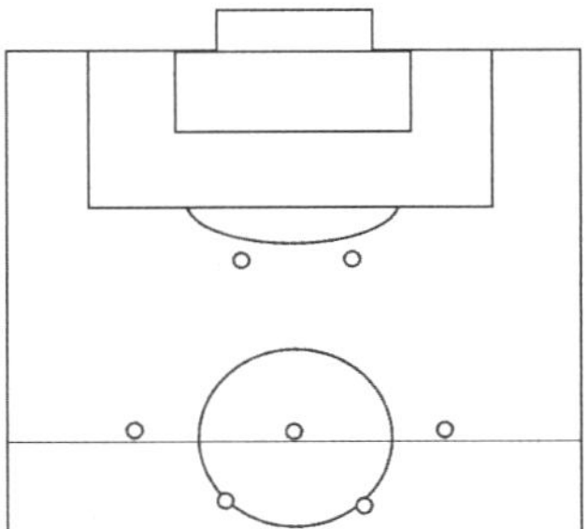
图4-1-15

（三）局部进攻战术

1. “二过一”配合

所谓“二过一”配合，就是指在比赛中，通过局部区域的2名进攻队员传球与跑位的配合，突破防守队员的配合方法。

（1）斜传、直插“二过一”。如图4-1-16所示，⑥运球前进并吸引对手上前逼防，斜线将球传给⑨，直线插入接⑨的斜传球。

（2）直传、斜插“二过一”。如图4-1-17所示，⑤将球斜传给⑦，⑦再直传球给斜线插入的⑤。

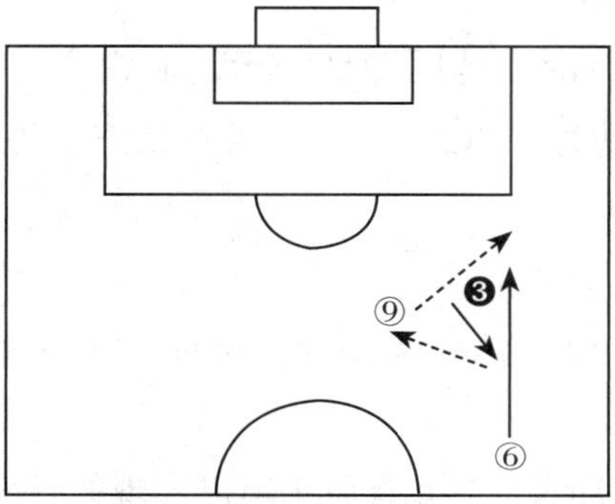

图4-1-16

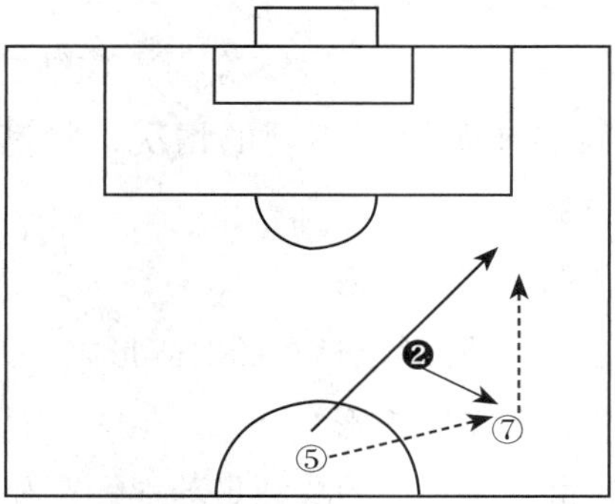

图4-1-17

“二过一”配合要点：运用时必须准确抓住时机，不可迟缓；插入队员突然快速起动，才能摆脱防守队员，完成“二过一”的配合，但要防止越位，跑位队员与传球队员动作、时间应准确，配合默契。

2. “三过二”配合

所谓“三过二”配合，就是指在比赛中，局部区域的3名进攻队员通过连续配合突破2名防守队员的配合方法。下面介绍两种“三过二”配合方法：

（1）如图4-1-18所示，⑨向后跑动接球，再将球传给⑥，⑦做假动作并伺机从内线切入接⑥的传球，突破防守。

（2）如图4-1-19所示，⑦持球，⑥假接应，⑨斜插把防守支开，⑥插上至⑨制造的空当接⑦的传球，突破防守。

“三过二”配合要点：3名进攻队员应呈三角形，1名队员持球，另外2名队员应一接一插或一拉一插，不要两人同时接或插，在接、插的时间上应稍有先后；持球队员视野要广，要选择有威胁的进攻配合；配合要简练、默契、协作和紧凑。

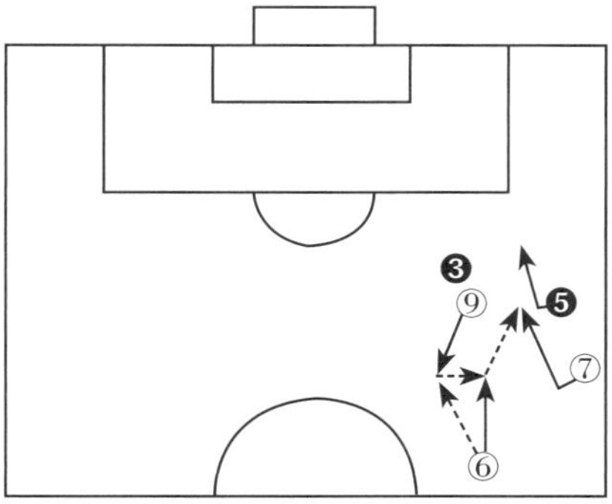

图4-1-18

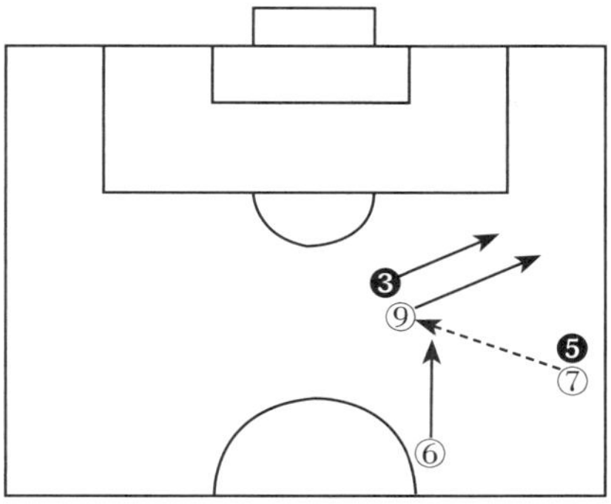

图4-1-19

思政小课堂

与其他运动项目相比，足球运动难度较大，且需要经过系统的训练。大学生在进行足球运动时不仅要增强体能，还要学习相关的足球技术及战术。在这个过程中，大学生的身体及心理都面临着较大的压力。足球训练任务重、难度大、持续时间长，因此经常给大学生带来一些困难与挑战。这些困难与挑战在一定程度上能磨炼大学生的意志力。足球运动可以培养大学生努力拼搏以及自强不息的品质，这些品质有助于他们解决学习及生活中遇到的问题。

任务考核与自评

足球基本技战术

<table>
<tr><td>姓名：</td><td>院（系）：</td><td>学号：</td><td>日期：</td></tr>
<tr><td colspan="4">足球基本技术：</td></tr>
<tr><td colspan="4">足球基本战术：</td></tr>
<tr><td colspan="4">得分：</td></tr>
<tr><td colspan="3">体育教师签字：</td><td>日期：</td></tr>
</table>

任务二　篮球

一、篮球概述

（一）篮球的起源与发展

篮球运动是1891年由美国人詹姆斯·奈史密斯发明的。当时，他在马萨诸塞州任教。当地盛产桃子，这里的儿童又非常喜欢玩将球投入桃子筐的游戏。詹姆斯从中得到启发，并吸收足球、曲棍球等其他球类项目的特点，发明了篮球运动。

1892年，篮球运动首先从美国传入墨西哥，并很快在墨西哥各地得到开展，墨西哥成为除美国外第一个开展篮球运动的国家。此后，这项运动先后传入法国、英国等国家，在世界范围内普及和发展。1895年，篮球传入我国，篮球运动首先在天津、北京等城市青年会中开展起来。1910年，在我国首届全国运动会上，篮球首次被列为表演项目。1913年，篮球被列为国内正式比赛项目。自1951年起，篮球一直是亚运会的正式比赛项目。1932年国际业余篮球联合会成立，男子篮球成为奥运会正式比赛项目。1946年，美国出现职业篮球联赛，并发展为目前的美国职业篮球联赛。1976年，女子篮球被列为奥运会正式比赛项目。

（二）篮球的特点

篮球运动是一项集体性、综合性、围绕高空展开的立体型攻守对抗项目。现代篮球运动已经逐步发展完善为一项融科技、教育等为一体的受大众欢迎的国际性竞技体育运动项目，它既可以通过观赏达到愉悦心灵的目的，也可以通过实践锻炼身体、增强体能，还可以培养一些使青少年终身受益的品质。现代篮球运动是在统一的国际篮球组织的指导下，以严格、规范的比赛规则和特定的竞赛方式展开的强者间的对抗、竞争，其竞赛活动过程充分显示出人类生命所具有的活力，突出了自强不息的奋斗精神。

二、篮球基本技术

篮球基本技术主要有移动、传球、接球、运球、投篮、抢篮板球和防守等。各类技术又有若干不同的方法和不同的完成方式。各种方法和方式的组合运用构成了进攻技术和防守技术两个部分。

（一）移动

移动是篮球技术的基础。篮球比赛中队员几乎全部时间都处于移动过程中，运用技术动作去完成攻守任务。

1. 起动

起动是队员在球场上由静止状态变为运动状态的一种起始动作，是获得位移初速度的方法。从基本站立姿势开始，起动时，身体重心向跑动方向移动，后脚（向前起动）或异侧脚（向侧起动）的前脚掌内侧突然有力地蹬地，同时上体迅速前倾或侧转，手臂协调摆动，充分利用蹬地的反作用力迅速向跑动方向迈出。起动后的两三步要短促而迅速地连续蹬地，和快速摆臂相配合，使之能在最短的距离内把速度有效地发挥出来。

2. 跑

跑是队员在球场上改变位置、发挥速度的重要方法，也是比赛中运用最多的一种移动动作。篮球比赛中经常运用的跑主要有变速跑、变向跑、侧身跑。其中，变速跑是队员跑动中利用速度的变化来争取主动的一种方法。

3. 跳

跳是队员在球场上争取高度及远度的一种动作方法。篮球比赛中的很多技术动作需要队员在空中完成。因此，队员要会单、双脚起跳，能在原地、跑动中和对抗条件下向不同方向跳、连续跳等，并要跳得快、跳得高，滞空时间长，以便更好地在空中完成各种攻守动作。

4. 急停

急停是队员在跑动中突然制动的一种动作方法，也是各种脚步动作衔接和变化的过渡动作。比赛中急停更多的是与其他技术结合在一起运用的。急停的动作有以下两种：

（1）跨步急停（两步急停）。队员在快速跑动中急停时，先向前跨出一大步，用脚跟先着地，过渡到全脚抵住地面，并迅速屈膝，同时身体微向后仰，后移重心。然后跨出第二步，脚着地时，脚尖稍向内转，用前脚掌内侧蹬住地面，两膝弯曲，身体稍侧转（右脚跨出第一步，身体后移），微向前倾，重心移至两脚之间，两臂屈肘时自然张开，以保持身体平衡。

（2）跳步急停（一步急停）。队员在中、慢速移动中急停时，用单脚或双脚起跳（一般离地面不高），上体稍后仰，两脚同时平行落地。落地时全脚掌着地，用前脚掌内侧蹬住地面，两膝弯曲，两臂屈肘微张，以保持身体平衡。

5. 转身

转身是队员以一只脚蹬地向前或向后跨出的同时，另一只脚做中枢脚进行旋转而改变身体方向的一种动作方法。转身在比赛中运用比较广泛，经常与其他技术动作组合运用。转身时，重心移向中枢脚，另一只脚的前脚掌蹬地，同时中枢脚以前脚掌为轴用力蹍地，上体随着移动脚转动，以肩带动向前、向后改变身体方向。身体在移动过程中要保持重心平稳，不要起伏。转身后，重心应转移到两脚之间。转身可分为前转身和后转身。

（1）前转身。移动脚蹬地，在中枢脚前方（身前）进行弧形移动的动作叫作前转身。

（2）后转身。移动脚蹬地，在中枢脚后方（身后）进行弧形移动的动作叫作后转身。

6. 跨步

跨步是一种起步的动作方法。跨步的动作方法是以一只脚为中枢脚，另一只脚向前或向侧方跨出，以便衔接其他动作。

（二）传球

传球技术是篮球运动中重要的进攻基本技术之一。一次成功的进攻往往要经过多次准确、及时的传球，从而创造进攻时机。

1. 双手胸前传球

双手胸前传球是比赛中最基本、最常用的传球方法，用这种方法传出的球迅速有力，可在不同方向、不同距离中使用，而且便于和投篮、突破等动作结合运用。

双手胸前持球的方法是：两手手指自然分开，拇指相对呈“八”字形，用指根以上部位持球，手心空出。两肘自然弯曲于体侧，将球置于胸腹之间的部位，身体呈基本站立姿势。传球时，前臂在后脚蹬地、身体重心前移的同时迅速向传球方向伸出，拇指用力下压，手腕前屈，食指、中指用力拨球，将球传出。球出手后身体迅速调整成基本站立姿势。传球距离近，前臂前伸的幅度小。远距离的传球则需加大蹬地、伸臂和腰腹的全身协调用力。传球距离越远，蹬地、伸臂的动作幅度就越大。（图4-2-1）

2. 单手肩上传球

单手肩上传球是单手传球中一种最基本的方法。这种方法力量大，球飞行速度快，常用于中、远距离传球。

传球时（以右手传球为例），左脚向传球方向迈出半步，右手托球，同时将球引到右肩上方，肘部外展，上臂与地面近似平行，手腕后仰。左肩对着传球方向，重心落在右脚上，右脚蹬地、转体，前臂迅速向前挥摆，手腕前屈，通过食指、中指拨球，将球传出。球出手后，右脚随着身体重心前移而向前迈出半步，保持基本站立姿势。（图4-2-2）

图4-2-1

图4-2-2

（三）接球

接球是篮球运动中的主要技术之一，既是获得球的动作，也是抢篮板球和抢断球的基础。在激烈对抗的比赛中，采用正确的动作稳定地接球，对减少传球失误、弥补传球不足以及截获对方传球等都有非常重要的作用。

接球有双手接球和单手接球两种。

1. 双手接球

双手接球是最基本的接球方法，也是比赛中运用非常多的动作之一。其优点是握球牢固，易于转换其他动作。双手接球时，两眼注视来球，两臂伸出迎球，手指自然分开，两拇指呈“八”字形，手指向前上方，两手呈半圆形。当手指触球时，两臂后引，缓冲来球的力量，两手接球于胸腹之间。保持身体平衡，做好传球、投篮或突破的准备。由于来球的高度不同，两臂伸出迎球的高低也有所不同。

2. 单手接球

单手接球控制的范围大，能接不同方向的来球，但是单手接球不如双手接球牢固，因此，应尽量用双手接球。如用右手接球，则右脚向来球方向迈出，两眼注视来球。接球时，手掌呈勺形，手指自然分开，右臂向来球的方向伸去。当手指触球时，手臂顺势将球向后引，左手立即接球，双手将球接于胸腹之间，保持基本持球姿势。

（四）运球

运球是篮球技术中重要的基础技术，是组织全队进攻配合和突破防守的基础。

1. 低运球

低运球时，两腿应迅速弯曲，重心下降，上体前倾，球的落点在体侧，用上体和腿保护球。同时，手腕和手指短促地按拍球的后上部，将球控制在膝关节的高度。（图4–2–3）

图4–2–3

2. 高运球

高运球时，两腿微屈，上体稍前倾，两眼平视，以肘关节为轴，前臂自然屈曲，手腕、手指柔和而有力地按拍球的后上部。球的落点控制在运球的手臂的同侧脚的外侧前方，将球的反弹高度控制于胸腹之间。

3. 体前变向换手运球（以右手运球为例）

运球队员从对手右侧突破时，先向防守队员左侧做变向运球假动作。当防守队员向左侧移动堵截运球时，运球队员突然按拍球的右后上部，使球经自己体前右侧反弹至左侧前方，同时，右脚向左前方跨出，上体向左转，侧肩挡住防守队员，同时换左手按拍球的后上部，左脚跨出并用力蹬地加速，从防守队员的右侧突破。

4. 运球急停急起

在快速运球中突然急停时，采用两步急停，使身体重心降低，手按拍球的前上部，使球停止向前运行。运球急起时，两脚用力后蹬，上体急剧前倾，迅速起动，同时，手按拍球的后上部，人、球同步快速前进。

（五）投篮

投篮是队员将球投入篮圈的一种专门动作，它是篮球比赛中唯一的得分手段，是一切进攻技战术的最终目的和全部攻守矛盾的焦点。因此，加强投篮技术的教学与训练，正确掌握并熟练运用投篮技术，不断提高投篮命中率，是对教练员和运动员最基本的要求。投篮的基本方法如下。

1. 原地单手肩上投篮

原地单手肩上投篮是基本的单手投篮方法，其他各种单手投篮方法大都由此演变而来。动作方法（以右手投篮为例）：两脚原地开立，右脚稍前，身体重心落在两脚之间，屈肘，手腕后仰，掌心向上，五指自然张开，持球于右眼前上方，左手扶球的侧面，两膝微屈，上体放松并稍前倾，目视瞄篮点。投篮时下肢蹬伸，同时依势伸腰展腹，抬肘上伸前臂，手腕前屈，以指端拨球，最后通过食指、中指用力将球投出，球离手后右臂应有自然跟进动作。（图4–2–4）

图4–2–4

2. 行进间单手肩上投篮

行进间单手肩上投篮是在比赛中切入篮下的一种投篮方法。

动作方法（以右手投篮为例）：跑动接球时跨右脚，接着跨出第二步，这一步稍小并用力起跳，右腿屈膝抬高，在左脚蹬地起跳的同时，两手迅速将球举至右上方，右手五指自然分开，掌心空出，手腕后屈托球，左手扶球进行保护，肘下垂。眼睛注视球篮，接着右手托球向上伸展，手指柔和地拨球，手腕下压，将球投

出。（图4–2–5）

图4–2–5

3. 行进间单手低手投篮

行进间单手低手投篮是比赛中广泛应用的一种投篮方法，一般多在快攻或切入篮下时运用，俗称跑动中投篮。

动作方法（以右手投篮为例）：当球在空中运行时，右脚向来球方向或投篮方向跨出一大步，同时接球，左脚向前跨出一小步，脚跟先着地，上体稍后仰，然后迅速过渡到前脚掌着地，并用力蹬地起跳。右腿屈膝上提，左脚蹬离地面，同时两手向前上方举球，腾空后，右臂向前上方伸展。投篮出手后，两脚同时落地，两腿弯曲，以缓冲落地的力量。

4. 跳起单手投篮

跳起投篮简称跳投，这里主要指跳起单手投篮，其出手动作与原地单手投篮基本相同，只是在动作结构上增加了起跳部分，投篮动作要在空中完成。目前，跳起单手投篮已成为篮球运动员普遍采用的主要得分手段，它可以在不同距离、各种角度下运用，方法多样：可以高跳高出手，快跳快出手；可以利用侧跨步、后撤步或转身远离对手起跳；也可以贴身跳投和跳起后在空中利用后仰、闪、躲、换手或变高手为低手投篮等，实战价值极高。

跳起单手投篮的动作方法（以右手投篮为例）：两手持球于胸腹之间，两脚左右（前后）开立，两膝微屈，身体重心落在两脚之间，上体放松，眼睛注视篮圈。起跳时两膝适当弯曲（两脚前后开立时也可上一步再做此动作），接着脚掌蹬地发力，提腹伸腰，向上迅速摆臂举球并起跳，两手举球于肩上或头上，左手扶球左侧。当身体升至最高点或接近最高点时，左手离球，右臂向前上方伸直，同时用突发性力量屈腕、压

指，使球通过指端投出。球离手后身体自然落地，屈膝缓冲，准备冲抢篮板球或回防。（图4–2–6）

图4–2–6

（六）抢篮板球

篮板球是攻守双方争夺的焦点，是攻守转换的关键，抢篮板球是获得球权的主要手段。

在所有比赛中，往往抢得篮板球的次数比投篮命中率对比赛胜负的影响更大，所以现代篮球把抢篮板球作为获得球权、争夺主动的基本技术，作为个人和全队实力的主要标志之一。抢进攻篮板球占优势，可以增加进攻次数和篮下得分机会，并增强队员的信心；抢防守篮板球，不仅能控制球权，创造更多的快攻反击机会，而且会对进攻队员投篮造成巨大的心理压力。教练员一般都很重视抢篮板球能力的训练和提高。

1. 抢防守篮板球

（1）先挡后抢：近篮区用后转身挡人。强调挡人的质量，不要过早放松，给对方留下移动的空间。

（2）配合抢防守篮板球：始终保持2～3名队员抢占罚球线前和两侧的三角区域，形成控制权，或者要求每名队员分别盯人，挡住对手的冲抢路线。

2. 抢前场篮板球

（1）每当出手时，要善于利用对手转身观察的瞬间，趁其不备运用上步或助跑起跳，突然冲向球反弹的方向，遇到对手拦截，要运用假动作摆脱和快速移动脚步，抢占有利位置。

（2）配合抢前场篮板球：锋线队员主要积极抢占篮下三角区域，外围队员要有组织地跟进冲抢，但必须保持攻守平衡。

（七）防守

防守是防守队员合理地运用脚步移动和手臂动作积极地抢占有利位置，阻挠和破坏对手的进攻，并以争夺控球权为目的的行动。要达到上述目的，防守时必须积极主动、认真负责，把防守姿势、位置站法、脚步移动、手臂动作以及抢、打断球技术结合起来，合理运用。防守技术分为防守无球队员和防守有球队员。

1. 防守无球队员

在比赛中防守无球队员时，往往由于注意球的推进、转移和威胁而放松了自己防守的对手，造成对手摆脱空切和轻易接球，使自己处于被动状态。比赛的绝大部分时间是防守无球队员，对此必须给予充分的重视。

（1）位置的选择。防守时，位置的选择非常重要，正确、合理地占据有利位置，会使防守主动。就一般情况来说，防守队员应站在对手与球篮之间的内侧位置，与对手保持适当的距离和角度，以便能根据情况行动。与对手的距离要根据对手与持球队员的距离而定，一般来说，离持球队员近则近，离持球队员远则远，以能控制对手为原则。

（2）手臂的配合。在积极移动的同时，必须借助手臂的动作扩大防守面积。手臂要随着移动配合做伸出、挥摆、上举等动作，以便更有效地阻挠对手接球和争取断球。

（3）积极地移动。防守时，要随时保持有利的防守位置，就必须有正确的准备姿势，以保证及时移动。由于对手不断地向不同的方向移动，防守队员的准备姿势的站法也要随之变换。在离球较近处防守时，经常采用面向人侧向球的站法，不让对手摆脱接球；在离球较远处防守时，经常采用侧向人面向球的站法，以便断球或进行协防配合。不论采用哪种站法，都要积极运用撤步、滑步、交叉步、碎步和快跑等脚步移动跟上对手，堵截其移动路线。为了及时起动，防守队员应以短小的步幅不停地滑动，以便更快地移动阻挠对手，使对手向不利的位置转移。

2. 防守有球队员

进攻队员持球时对防守队员来说是有威胁的，因此，防守队员必须尽可能地去阻挠和影响进攻队员的各种进攻技术的运用。

（1）位置、距离的选择。当对手接球后，必须迅速调整位置和距离，在占据对手与球篮之间有利位置的基础上，还要与对手保持适当的距离。一般来说，对手离球篮远则远，对手离球篮近则近，并根据对手的特点（善投、善突等）、战术的需要进行调整。

（2）防守的动作。由于有球队员的特点、意图以及与球篮的距离不同，防守有球队员时的动作也有所不同，一般防守有球队员有两种方法。

①平步防守：两脚取平行站立的防守姿势，两臂侧伸和挥摆。这种方法防守的面积大，便于左右滑动，对防突破比较有利。

②斜步防守：两脚取前后站立的防守姿势，一臂上伸，另一臂侧伸进行阻挠。这种防守方法便于前后移动，对防投篮比较有利。

不论采用哪种防守方法，都要积极移动，当对手运球或突破时，应阻截他的移动路线，迫使他向边角移动；当对手做假动作时，不要受其引诱而失去身体平衡。

（3）合理地运用抢球、打球技术。在防守有球队员的过程中，始终要伺机抢、打对手的球，但要判断准确，动作突然快速，注意保持身体平衡，避免犯规。

三、篮球基本战术

（一）基本进攻战术配合

基本进攻战术配合是指两三个人之间有目的、有组织地协同作战的配合方法，它是运动员在场上制造、捕捉不同战机，相互协同、相互配合制造机会以达到进攻目的的方法。

1. 传切配合

传切配合是指进攻队员间利用传球和切入技术所组成的配合方法，主要包括一传一切和空切两种方式。传切配合要求变向切入动作快，切入过程中侧身看球。

2. 突分配合

进攻队员持球突破或运球突破对手后，遇到对方补防或“关门”时，及时将球传给空隙地带的同伴，这种在突破中区别情况及时传球给无人防守同伴的配合叫作突分配合。突分配合的要点是同伴之间有良好的配合默契，突破者在突破过程中要注意观察攻守队员的位置变化，既要做好投篮准备，又要在遇到对方补防时巧妙地分球给同伴投篮。

3. 掩护配合

掩护配合是指进攻队员以合理的行动用身体挡住防守队员的通路，帮同伴摆脱防守，创造接球和投篮机会的一种配合方法。

（二）基本防守战术配合

基本防守战术配合是指防守队员之间为了破坏对手的进攻配合或当同伴出现防守困难时及时相互协作和帮助的配合方法，主要有关门配合、穿过配合、挤过配合、交换配合等。

1. 关门配合

关门配合是邻近的两名防守队员协同防守、持球突破的一种配合方法。当进攻队员持球突破时，防守突破队员应向侧后方滑步，这时邻近突破一侧的防守队员也应及时向进攻队员突破方向滑动，与防守突破队员靠拢，像两扇门一样关闭起来，迫使进攻队员失误或撞人犯规。

练习方法：学生三攻三防。①②③在外围相互传球，寻找机会从❶与❷或❷与❸之间突破。❶❷❸除了要防住自己的对手外，还要协助邻近的同伴进行关门，不让对方突破到篮下。当进攻队员突破不成把球传出时，关门的队员还应快速分开去防自己的对手。（图4–2–7）

2. 穿过配合

当进攻队员进行掩护时，防守队员要及时提醒同伴，当两个掩护配合的进攻队员交错时，防守队员要主动后撤一步，让同伴及时从中间穿过去，以便继续防守自己的对手，这种配合一般在对方无投篮威胁时采用。

3. 挤过配合

当进攻队员采用掩护进攻时，为了破坏对方的掩护配合，在掩护者临近的一刹那，被掩护的防守队员主动靠近自己的对手，并从两名进攻队员之间侧身挤过去，继续防住自己的对手。

4. 交换配合

交换配合是指破坏对手掩护时，防守队员之间及时互换防守队员的一种配合方法。

穿过配合、挤过配合、交换配合练习方法：学生三对三徒手练习。①去给②做掩护，当①接近❷时，❷准备移动，及时向前跨一步靠近②，并在②与①之间侧身挤过，继续防守②。②去给③做掩护，③采用与②同样的动作挤过。依次进行循环练习，然后攻、守互换。（图4–2–8）

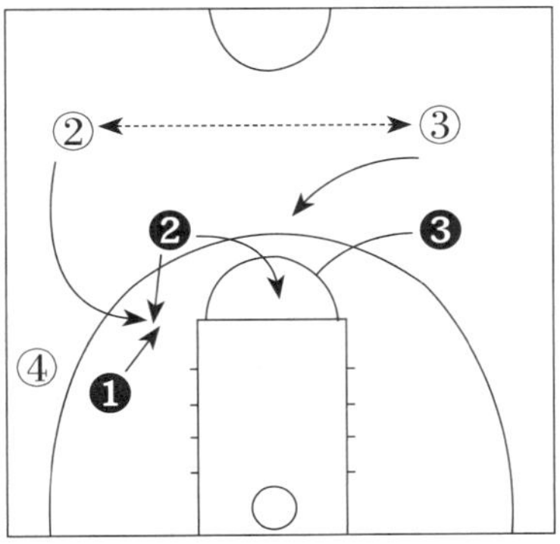

图4–2–7

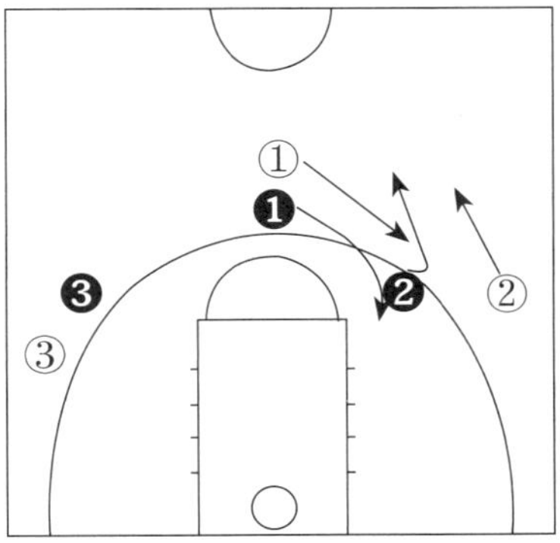

图4–2–8

（三）半场人盯人防守

半场人盯人防守是现代篮球运动中常见的一种防守方法，并且具有责任到人、分工明确的特点，队员可根据场上的情况灵活地进行补防、协防等配合。因此，半场人盯人防守是现今世界高水平球队使用频率最高的一种防守方法。

1. 半场人盯人防守的要求

（1）防守队员应根据进攻队员的身高、位置和技术水平合理地进行防守分工，尽量与对手的力量相当。

（2）由攻转守时，每名队员都要迅速退回后场，找到对手，进行集体防守。

（3）对持球队员的防守要紧，持球队员距球篮越近防守越紧，以便控制其投篮、传球和突破。

（4）对不持球队员的防守，应根据对手、球、球篮的情况选择有利位置，近球紧，远球松；近篮紧，远篮松。当对手空切时，按“向球或向篮封堵其前，背球或背篮封堵其后”的原则进行堵截、跟防，积极移动，控制对手。

（5）个人在控制住对手的基础上，要随时观察场上其他队员的攻防情况，做到球、人、区兼顾，与同伴协防、补防，夹击和抢断球，破坏对手进攻配合，加强防守的集体性、攻击性、伸缩性和针对性。

2. 半场人盯人防守的方法

防守时，根据球的转移和以盯人为主的原则，要球、人、区兼顾，强侧与弱侧进行不同的防守。强侧防守要求：球在正面时，要错位防守，防守队员站在能够控制对手接球的路线上，阻止对手接球。当球在45°角上时，防守强侧的防守队员要绕前防守对手接球，并且防守罚球线位置的队员要退到罚球线以上协防。弱侧防守要求：当球在正面罚球线时，罚球线位置的防守队员要回退，注意关门配合，同时弱侧的防守队员要向强侧移动或注意协防篮下。

（1）防守以掩护为主的进攻：④利用⑥的后掩护运球突破，❻跟随防守⑥的同时提醒同伴❹，并迅速向突破方向移动，准备堵截④的运球，使其停球。如并未停球，则❹从身前挤过，继续防守④，如果⑥转身且向篮下准备接④的球，那么❼和❺协防。（图4–2–9）

（2）防守中锋进攻：当中锋进攻威力很大，对方的外围中投很准时，对持球队员应紧逼，在防投篮的同时积极干扰对方，将球吊给中锋。❼上前防守④，❻侧前不让⑥接球，❺错位防守不让⑧接球，当球传给⑧时，❺防守其投篮，并干扰传球给⑥，❼退回来防守⑥，④移动到高位防高吊球。（图4–2–10）

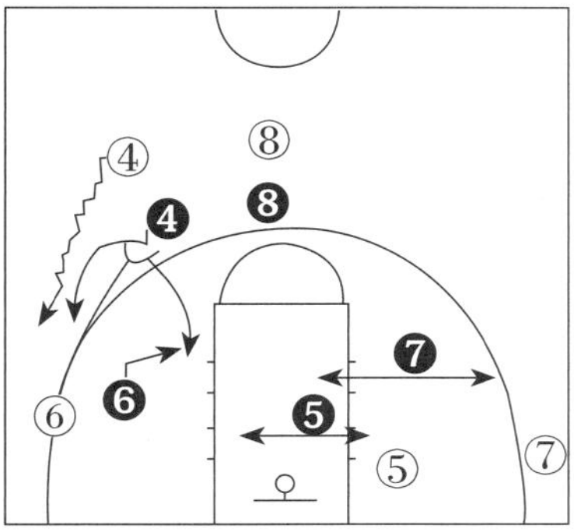
图4-2-9

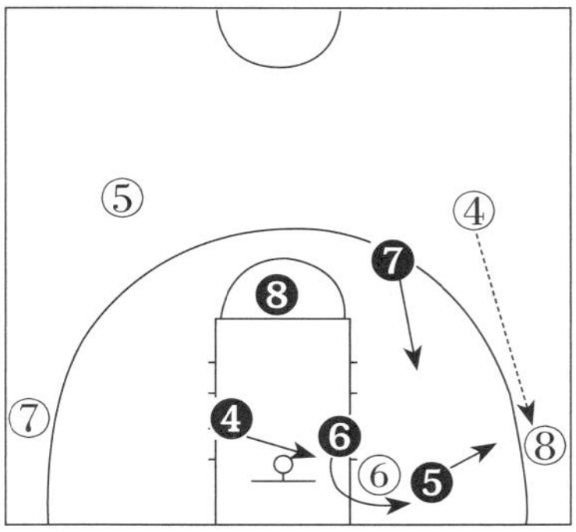
图4-2-10

（四）进攻半场人盯人

进攻半场人盯人是根据半场人盯人防守战术的特点，从每名队员的具体情况出发，综合运用传切、突分、掩护和策应等配合所组成的全队进攻战术。

1. 进攻半场人盯人的要求

（1）从本队实际出发，合理组织进攻队形，迅速落位，有目的地组织战术进攻。

（2）人、球都动，连续穿插掩护，调动防守，制造防守漏洞，扩大攻击面，增加攻击点，使战术具有连续性。

（3）主攻明确，内外结合，集体配合与个人进攻相结合，提高战术的灵活性和机动性。

（4）掌握好进攻节奏，快、慢、动、静相结合，控制进攻的主动权。同时注意保持攻守平衡，提高攻守转换速度。

（5）组织冲抢前场篮板球，把冲抢前场篮板球作为战术的组成部分，并明确个人职责。

2. 进攻半场人盯人的方法

（1）单中锋进攻方法：中锋在进攻队员获得球后迅速进场，站在罚球线后，背向球篮准备接球。队员按“2–1–2”站位，发动时传球给中锋，然后中锋在有利的位置接到球果断投篮。

（2）双中锋进攻方法：主要由掩护和策应组成。通过中锋掩护和外围队员的穿插跑动创造内线的得分机会。由于内线给对手的压力大，迫使对手缩小防区，为外围队员中远投创造了机会。

（3）无中锋进攻法：由传切、策应、掩护等组成。其特点是机动灵活，连续性强，能保持攻守平衡，但这种战术要求队员战术素养和意识较高。

（五）区域联防

区域联防是篮球两大防守战术系统之一，是指进攻转入防守时，全队队员迅速后退，按区分工，各自负责防守一定区域的进攻队员，形成一定的防守阵形，把每个防守区域有机地联系起来，并随球进行协同防守的全队防守战术。区域联防根据防守队员所在的防守区域，组成不同的防守阵形，目前主要有“二三”阵形、“三二”阵形、“一三一”阵形、“一二二”阵形等，这些阵形各有优点和缺点，在运用中必须加以重视。

区域联防的要求：按区域分工各自负责，积极组织对手进入自己所防区域，并与同伴协同联合防守。防守的重点：随球的转移经常调整位置，做到人球兼顾，保持基本的防守姿势，挥臂进行阻挠；彼此呼应，及时换位、护送，相互帮助，协同防守。对有球的队员要靠近防守，阻止其传球、运球和投篮；对无球的队员应阻拦其移动，防止其在管区内接球。全队队员必须快速退防组阵，严防进攻队员在篮下的活动，积极防止进攻队员向内线穿插渗透。对中锋要采取绕前和封堵传球路线的方法进行防守；当进攻队员投篮时，一定要跳起封盖，并组织拼抢篮板球，力争获得球，由守转攻。

（六）进攻区域联防

进攻区域联防是针对区域联防的阵形和变化特点，结合本队的实际情况，组织相应的站位阵形，有目的地通过传球及队员的穿插，破坏对方整体防御部署，创造良好的内外线进攻机会的进攻战术。其针对区域联防的阵形而采用相应的进攻阵形。确定阵形的原则是根据进攻的点、面，合理部署队员占据联防的薄弱区域，避免与防守队员形成一对一的站位，在局部区域形成以多打少的优势，并始终保持攻守平衡。常用的进攻区域联防阵形有“一二二”阵形、“一三一”阵形、“二一二”阵形、“二三”阵形等。

进攻区域联防最行之有效的方法是组织快速反击，在对方立足未稳之前实施攻击。如果对方已部署好联防阵形，就要及时采取相应阵形组织进攻。

组织中锋策应进攻：外围队员将球传给中锋⑥，⑥接球后，除个人攻击外还有三个攻击点：第一个攻击点传球给横切队员⑧，第二个攻击点传球给空切篮下队员⑦，第三个攻击点传球给后卫队员④，在策应过程中也可个人进攻。（图4-2-11）

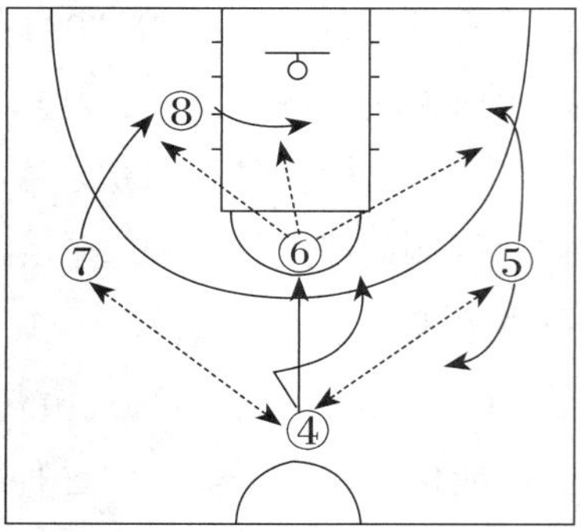

图4-2-11

思政小课堂

篮球运动1895年传入中国，经过不同时期的传播，逐渐成为我国人民群众喜闻乐见的体育运动项目之一。中华人民共和国成立后，我国的篮球运动蓬勃发展，随着国际交往的日益增多及我国篮球竞赛制度的建立，我国篮球运动水平日益提高，取得了可喜的成绩。中国篮球运动的发展成就包括竞技篮球代表队逐渐成为亚洲霸主并走向世界；群众篮球运动广泛开展，校园篮球运动深度普及；著名篮球运动员及裁判员走向世界，展现出良好的职业风貌；等等。了解中国篮球运动的快速发展及取得的成就，能提升大学生的爱国意识，坚定中国特色社会主义道路自信、理论自信、制度自信、文化自信，培养大学生国家主人翁的责任感、自豪感和归属感。

任务考核与自评

篮球基本技战术

姓名：	院（系）：	学号：	日期：
篮球基本技术：			
篮球基本战术：			
得分：			
体育教师签字：			日期：

任务三 气排球

一、气排球概述

（一）气排球的起源与发展

气排球运动是我国发明的一项群众性体育项目。1984年，在内蒙古自治区呼和浩特市，集宁铁路分局组织退休老干部进行了一场气排球比赛，这是在我国范围内第一次出现气排球比赛。这一比赛为我国气排球事业的发展提供了良好的契机，也为我国气排球运动的发展拉开了序幕。1991年，在北京举行的北京市老年人体育工作会议决定在北京市老年人中推广气排球运动，根据排球规则制定了《气排球竞赛规则》，并特制了比赛用球。1995年，时任国际奥委会主席萨马兰奇在世界乒乓球锦标赛期间观看了我国老年人气排球表演，对我国首创的气排球运动高度赞赏。他认为气排球是一项既适合老年人也适合中年人和青少年的体育项目。他还认为国际奥委会不能只发展竞技体育，也要发展群众体育和体育教育。从此，全国铁路老年人气排球比赛每年都会定期举行，而且各省体育局每年都会举行一定规模的气排球赛事。2014年以前，全国气排球比赛主要由中国老年人体育协会主办，2015年国家体育总局排球运动管理中心将气排球运动项目纳入自己的管理范围，由此开始组织全国大众气排球系列活动，气排球比赛逐渐增多，比赛规程和竞赛组织也逐步完善。据不完全统计，截止到2023年，全运会气排球项目有将近400万人直接参与，有近6000万群众被带动，成为参与范围广泛、办赛规模大、幸福指数高的运动项目。

（二）气排球的特点

气排球运动是深受广大民众喜爱的一项群众性体育项目，它具有参与人数多、运动量适中、安全系数高、便于开展等特点，还具有良好的竞技健身性和娱乐观赏性等，符合当前我国全民健身的生理、心理需求和“健康第一”的指导思想。

二、气排球基本技术

（一）准备姿势和移动

1. 准备姿势

准备姿势和移动是气排球基本技术之一，属于无球技术，是完成发球、垫球、传球、扣球和拦网等各项有球技术的前提及基础，并在各项有球技术中起串联和纽带作用。准备姿势和移动是相辅相成的，准备姿势主要是为了移动，而要快速移动又必须先做好准备姿势。准备姿势按身体重心高低可分为稍蹲、半蹲和低蹲三种。

其中，半蹲准备姿势是最基本的，运用得最多。

动作要领：两脚左右开立，比肩宽，一脚在前，两膝弯曲。脚尖朝前并稍内收，脚跟稍提起，身体重心放在脚掌上，膝关节保持一定的弯曲。上体前倾，重心靠前，以利于向前及前斜方移动和接起较低的来球。两臂放松，两肘自然弯曲并下垂，两手置于腹前。全身适当放松，处于灵活状态，并根据球场变化随时调整身体的位置、方向和重心。

2. 移动

移动的目的是及时接好球，保持好人与球的位置关系，以便于击球。移动的常用步法有以下几种：①交叉步。当来球在体侧3米左右时，可采用交叉步移动。交叉步的特点是动作快，步子大。采用向右侧交叉步时，上体稍右倾，左脚从右脚前面交叉迈出一步，然后右脚向右跨出一大步，同时身体转向来球方向，保持击球前的姿势。②并步与滑步。当球距身体一步左右时，可采用并步移动。移动时，如向前移动，前脚向来球方向跨出一大步，后脚蹬地跟上。当来球稍远，并步不能接近球时，可采用滑步。滑步即快速的连续并步。

另外，移动还有跑步、跨步、跨跳步等步法。

（二）发球

发球指的是队员在发球区用一只手将自己抛起的球直接击入对方场区的技术动作。发球是气排球基本技术之一，也是气排球比赛中一项重要的进攻技术。发球可分为正面下手发球、侧面下手发球、正面上手发球、勾手大力发球等。随着气排球运动的发展，发球技术也在不断地提高与创新。

1. 正面下手发球

动作要领：面对球网，两脚前后开立，左脚在前，两膝微屈，上体稍前倾，重心偏于右脚，左手持球于腹前。发球时将球抛起在体前右侧，离手约20厘米高。抛球前，右臂伸直，以肩为轴向后摆动。击球时，右脚蹬地，身体重心随着右手向前摆动击球移至前脚，在腹前以手掌击球的后下部。手触球时，手指手腕紧张，手呈勺形。击球后，迅速进入场地。（图4-3-1）

图4-3-1

2. 侧面下手发球

动作要领：左肩朝向球网，两脚左右开立，与肩同宽，两膝微屈，上体前倾，重心落在两脚之间，左手持球于腹前。发球时，左手把球平稳地抛送于胸前，距身体约一臂远，离手约30厘米高。左手抛球的同时，右臂摆至右侧后下方，接着利用右脚蹬地向左转体的力量带动右臂向前上方摆动，在腹前用全掌击球的右下部。（图4-3-2）

图4-3-2

3. 正面上手发球

动作要领：面向球网，两脚自然开立，左脚在前，左手托球于身前，用抬臂和手掌平托上送，将球平稳地垂直抛于右肩的前上方，高度要适中。在抛球的同时，右臂抬起，屈肘后弓，肘与肩平，抬头、挺胸、收腹，上体稍向右侧转动，身体重心移至右脚。击球时，上体利用蹬地向左转动，同时收腹带动手臂挥动，手臂在右肩上方伸至最高点，用全掌击球的中下部。击球时，手腕主动做推压动作，使击出的球上旋飞行。

4. 勾手大力发球

动作要领：发球前，左肩朝向球网，两腿稍屈，自然开立，两手持球于腹前。抛球时，将球垂直、平稳地抛至头的左前上方1米左右，同时身体重心下降，挺胸抬头看球。击球时，右脚用力蹬地，利用向左移重心和转体的动作带动手臂协调、自然地向上做弧形摆动，用手掌击球的后下部。

（三）垫球

垫球是手臂或身体其他部位通过迎击动作使球从垫击面反弹出去的击球动作。垫球技术有正面双手垫球、体侧垫球、背垫球、跨步垫球、让垫、挡球、单手垫球、前扑垫球、滚翻垫球和鱼跃垫球等。这里主要介绍正面双手垫球。

正面双手垫球的基本动作：采用半蹲位准备姿势，当球飞来时，两手呈垫球手形，手腕下压，两臂外翻，形成一个平面，当球飞到腹前一臂距离时，两臂夹紧前伸，插到球下，向前上方蹬地抬臂，迎击来球，利用腕关节以上10厘米左右处的桡骨内侧平面击球的后下部，身体重心随击球动作前移。击球点保持在腹前一臂距离处。（图4–3–3）

图4–3–3

（四）传球

传球是气排球技术中重要的技术之一。传球技术分为正面双手传球、背传、侧传、跳传。气排球比赛中，传球技术主要运用于二传。二传技术是较高级的传球技术。二传的任务在于对一传进行调整，以便组织多种进攻战术，是防守转入进攻的关键。怎样才能成为优秀的二传手呢？第一，预判准确，取位迅速；第二，传球技术精细而熟练，分配球的能力强；第三，视野开阔，有大局观和奉献精神。

下面主要介绍正面双手传球。

正面双手传球的基本动作：两手相对，呈半球形置于脸前，一般在额前上方20厘米处。触球瞬间，手指和手腕保持一定的紧张度，以增加弹性和产生适当缓冲。同时向前上方伸臂，配合两脚蹬地和身体伸展的协调动作将球传出。（图4–3–4）

图4–3–4

（五）扣球

扣球是队员起跳后，在空中将高于球网上沿的球有力地击入对方场区的击球动作。扣球技术分为正面扣球、单脚起跳扣球、双脚冲跳扣球、小抡臂扣球、勾手扣球、扣各种战术球。其中，正面扣球是基本的扣球技术。（图4–3–5）

正面扣球有以下几个环节。

（1）准备姿势：采用稍蹲准备姿势，两臂自然下垂，随时做好助跑起跳扣球的准备。

（2）助跑起跳：左脚在前，右脚向前跨出一大步，同时重心落在右腿上，左脚迅速并在右脚前，脚尖内扣，同时两臂绕体侧后引，在左脚制动踏跳过程中，两臂积极向前摆动。伴随两脚蹬地的力量，两臂挥至肩上方。

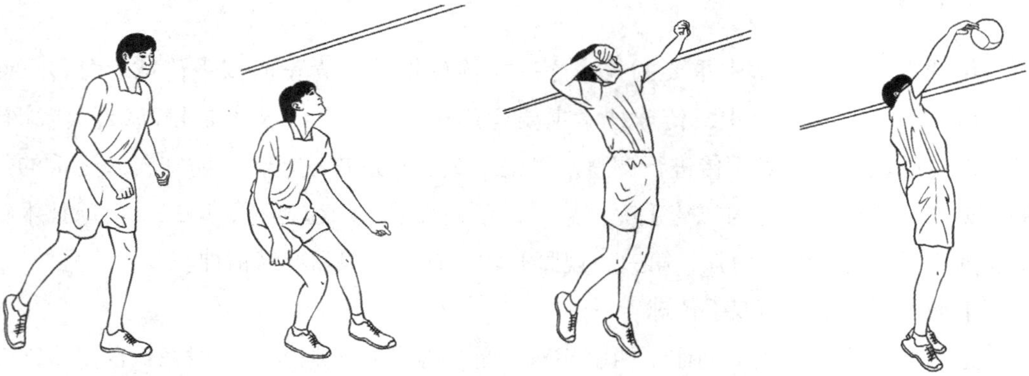

图4-3-5

（3）空中击球：在空中挺胸展腹，转体，右臂向后上方抬起，身体呈“反弓”形。通过收腹、转体的力量带动肩关节、上臂、前臂和手依次鞭打击球。击球时五指张开呈勺形，并保持适度紧张，用全手掌击球的后中部，同时主动甩腕，用力向前推压。

（4）落地：击球后，两脚落地。前脚掌先落地，依次过渡到全脚掌，顺势屈膝以缓冲下落的力量。

（六）拦网

1. 单人拦网

两脚左右开立，距球网30～40厘米；两臂放松屈于两肩前方，目视球；对准扣球点，与网平行移动；两臂以上臂为半径做弧形摆动，蹬地起跳；拦强攻时，在扣球队员挥臂时起跳；拦快球时，应与扣球队员同时起跳。拦网时，两手距离以不漏球为宜；当手触球时，五指张开并紧绷，手腕用力下压，盖住球的前上方。落地时屈膝缓冲，并做好连接下一个动作的准备姿势。

2. 集体拦网

（1）双人拦网：双人拦网由2、3号位队员或3、4号位队员组成。拦网以离攻手最近的拦网队员为主。如果球集中在3号位附近，则以3号位队员为主拦网，2号位或4号位队员配合拦网。

（2）三人拦网：以3号位队员为主，两边队员主动配合拦网。三人拦网多在对方进行高点强攻的情况下运用。

三、气排球基本战术

气排球基本战术是指场上队员在比赛中根据气排球规则、气排球运动的规律及敌我双方的具体情况和临场的发展变化，有意识地运用技术配合，有目的、有预见性的行动。

（一）阵容配备

1. “三二”配备

“三二”配备即安排3名进攻队员和2名二传队员的配备方法。这种配备广泛用于中上水平的气排球队伍。其优点在于在每个轮次上都有固定的二传手，便于协调轮次上的攻防组织；缺点在于进攻的人少了，拦网的力度也不够，所以不能适应高水平球队的要求。

2. “四一”配备

“四一”配备即安排4名进攻队员和1名二传队员的配备方法。这种配备的优缺点非常鲜明：优点在于每个轮次都有4个进攻点，有利于统一指挥、相互配合，能够更好地控制比赛，使得进攻战术富于变化，并且增强拦网的力量，战术配合灵活性较强，进攻隐蔽性强；缺点在于当二传轮转到后排时，难以协调拦网及跟进保护的配合。目前采用这种配备形式的队伍较少，仅在水平很高的队伍中采用。

（二）个人战术

个人战术是指在集体战术配合的基础上，队员根据个人的特点和战术的需要巧妙地运用个人技术的变化，以达到有效进攻和防守的目的。个人战术有发球、一传、二传、扣球、拦网及防守等。

1. 发球个人战术

任务：在观察和分析对方的具体情况后，有针对性地采用不同的发球战术，先发制人。

常用的发球战术有加强发球的性能、控制发球落点、改变发球。

2. 一传个人战术

任务：在第一次接对方来球时采用有目的、有意识的击球动作，组织本队战术。

常用的一传战术有组织快攻的低弧度一传、组织强攻的高弧度一传、突袭对方空当的一传。

3. 二传个人战术

任务：有效地组织进攻战术，给扣球队员创造有利的进攻条件，突破对方拦网。

常见的二传战术有集中与拉开、近网与远网、升点与降点传球、声东击西与假动作、突然把球传入对方场区。

4. 扣球个人战术

任务：根据对方拦网和防守情况，选择合理扣球技术和路线，有效突破对方防御。

常见的扣球战术有扣球线路变化、扣球动作变化。

5. 拦网个人战术

任务：根据对方扣球的情况，利用时间、空间等变化因素，用不同手法阻拦对方进攻。

常见的拦网战术有侧跳拦直线、直跳拦斜线、改变拦网手位置、空中撤手。

6. 防守个人战术

任务：选择最有利的位置，采用合理的接球动作，按战术要求把球防起。

常见的防守战术是根据进攻点、进攻手段采用相对合理的防守站位及手形。

（三）集体战术

集体战术是指运动员在比赛中，为了突破对方防守或抑制对方进攻，灵活地运用合理的攻防技术，按照一定的形式，采取的有目的、有组织、有针对性的集体配合行动。

1. 防守阵形

（1）接发球阵形。常见的接发球阵形是三人接发球和四人接发球。

三人接发球主要用于减少场上某一名一传较差或有其他特殊战术安排的队员的防守面积。

四人接发球是四名防守队员面向3号位呈小弧形站位。这样的阵形优点在于控制住场上的防守空当，便于把球接起。

（2）接扣球防守阵形。接扣球防守阵形是由前排拦网与后排防守组合而成的。根据拦网的人数，该阵形可以分为无人拦网、单人拦网、双人拦网、三人拦网四种。后排防守常用的是“活跟”“内撤防守”“双卡防守”。

活跟：由排球当中的“心跟进”和“边跟进”演化形成。这种防守阵形比较灵活，多针对对方的战术球来判断防守。

内撤防守：多在防守对方开网的进攻、不便扣小斜线球时使用。其优点是可以弥补心空弱点，缺点是对内撤保护的队员转入反攻有所不便。

双卡防守：多用于对方以吊球和轻扣为主的进攻。其优点是可以加强前区的防守，缺点是后方空当太大。

（3）接拦回球防守阵形。接拦回球防守阵形应根据本方的进攻战术和对方拦回的情况，以及参加防守的人数来确定，多采用“一三”和“二二”站位。

“一三”站位：主要防本方攻手轻扣被拦回的球。当攻手攻球时，二传移动至对方拦网人对面，其他三名队员面对扣球队员。

“二二”站位：主要在对方拦网落点较分散时采用。

2. 进攻阵形

进攻阵形即进攻时采用的组织形式。合理的进攻阵形有助于某些集体战术的组织。由于气排球规则的特殊性，在进攻时已经不分前排、后排，需要气排球的阵形更好地发挥战术价值。进攻阵形可分为“中一二”“边一二”和“后排插上”三种：

（1）“中一二”进攻阵形。“中一二”进攻阵形是指由前排3号位队员担任二传，其他队员将球垫、传给二传队员，再由二传队员传给4号位队员、2号位队员或后排两名队员进攻。

这种阵形是气排球战术中最基础、最简单的一种进攻阵形，其优点是二传队员位置居中，距离场上各个位置都比较近，一传队员的目标明确，二传队员也易于接应，加之战术配合简单，因此便于进攻；缺点是战术配合方法少，进攻点较清楚，战术意图易被对方识破，对方容易组织集体拦网。

（2）“边一二”进攻阵形。“边一二”进攻阵形是指由前排2号位队员充当传手，再由二传队员将球传给4号位、3号位、2号位及后排队员进攻。

“边一二”进攻阵形比较简单，容易掌握，但由于对一传队员、二传队员的要求都较高，其组织要比“中一二”进攻阵形的难度大。“边一二”进攻阵形是由“中一二”进攻阵形演变过来的，其目的是让已经轮换到2号位的二传队员继续负责传球，通过2号位的二传队员的“拉边”站位，保证每个队员都能发挥自己最擅长的技术。

（3）“后排插上”进攻阵形。“后排插上”进攻阵形是指由后排1号位或5号位队员插到前排3号位队员的位置担任二传，其他队员将球传、垫给二传队员，再由二传队员将球传给4号位、3号位、2号位及后排队员进攻。

只有高水平的球队多采用“后排插上”进攻阵形。“后排插上”进攻阵形的最大特点是二传队员来到后排位置还能保证4个攻手，同时增强了拦网的力度。“后排插上”进攻阵形的缺点在于插上的时间、一传队员的能力都很关键。

任务考核与自评

气排球基本技战术

姓名：	院（系）：	学号：	日期：
气排球基本技术：			
气排球基本战术：			
得分：			
体育教师签字：			日期：

任务四　羽毛球

一、羽毛球概述

（一）羽毛球的起源与发展

羽毛球是一种参与双方相互进行击球对抗的球类运动，其前身是板羽毛球，即用木板拍打扎着羽毛的球体（类似于毽子）并避免它落地的游戏。在古代，欧洲国家、中国、日本均可见此项运动。19世纪，印度的浦那传入英国，并在英国的伯明顿流行起来，此后经过不断改良发展，成为现在正式的羽毛球运动，因此羽毛球运动也被命名为伯明顿。现代羽毛球运动大约在1920年传入我国，并在我国不断发展，我国涌现出一大批世界级羽毛球运动员。

（二）羽毛球的特点

羽毛球娱乐性、竞技性强，具有一定的观赏性。羽毛球运动相对于其他运动而言简单方便，适合大学生课余时开展。天气良好时，在校内任何一块平地上都可以进行。若想外出，到公园或广场也可以进行。除了不受场地的限制外，羽毛球运动也不受人数、年龄、性别限制。羽毛球运动适合男女老少，运动量可根据个人年龄、体质、运动水平和场地环境的特点而定。羽毛球运动能增进大学生身体健康，培养大学生自信、勇敢、果断等优良的心理素质。

二、羽毛球基本技术

（一）握拍

握拍是学习羽毛球的第一个动作，从开始到完成每一个击球动作，握拍的方式都有所不同。以下以右手持拍为例，介绍两种握拍方法：正手握拍和反手握拍。为了方便理解，本节将拍柄分为8个面，如图4–4–1、图4–4–2所示。

1．正手握拍

右手虎口位（拇指与食指夹角）对准拍柄⑦面，拇指轻放于⑥面上，食指第二关节轻压在②面上，其余三指自然握住拍柄，食指与中指自然分开。此时，食指位置水平高度高于拇指。掌心与拍柄留有空隙（掌心不能接触拍柄），握拍力度适宜（如同握鸡蛋的力量，不可用力过度，只有在击中球的瞬间才发力握紧，其余时间要轻握）。

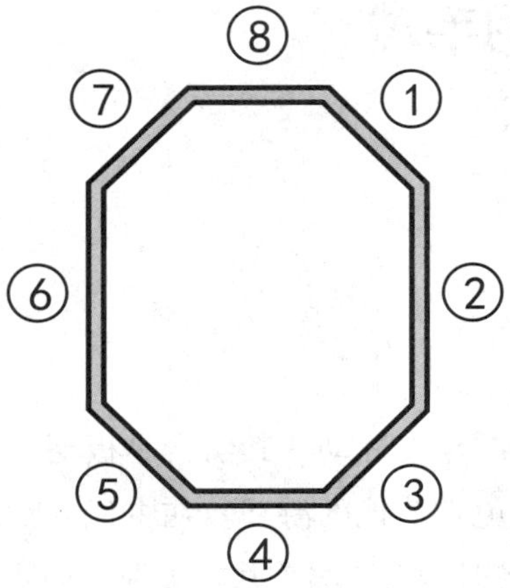

图4-4-1

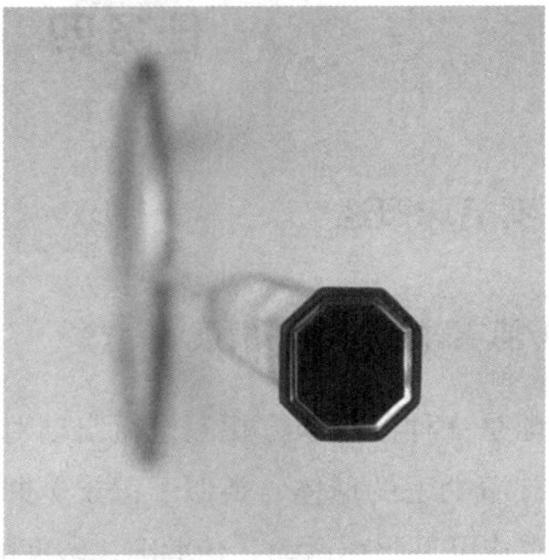

图4-4-2

单打时，握拍的位置为小鱼际部分，与拍柄底盖处相平。双打一般握拍柄中间或偏上的位置。（图4–4–3）

2. 反手握拍

在正手握拍的基础上，尽量放松握拍，拇指上提，顶贴拍柄的宽拍棱上，食指向中指、无名指和小指方向收回，形成食指、中指、无名指和小指并拢，自然握住拍柄，掌心与拍柄间留有足够的空隙，切记拇指后端不可与拍柄接触。反手握拍强调拇指握拍，击球时以拇指发力为主。单打时握拍的位置为小鱼际部分，与拍柄底盖处相平。双打一般握拍柄中间或偏上的位置。（图4–4–4）

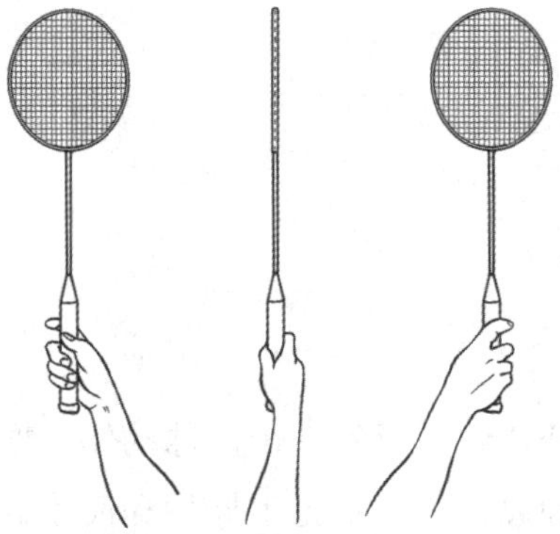

图4-4-3

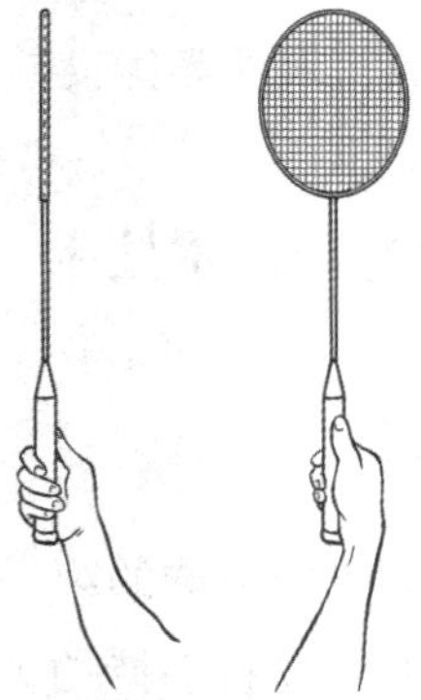

图4-4-4

（二）发球技术

发球不仅是羽毛球技术中一项很重要的基本技术，也是战术的重要组成部分。发球质量的好坏往往直接影响一个比赛回合的主动与被动。羽毛球的发球方法有两种：一种是正手发球，另一种是反手发球。在羽毛球发球中，按照发出球在空中飞行的弧度与落点，可以分为发高远球、发平高球、发平快球和网前球。

1. 发高远球

运行轨迹又高又远，下落时与地面垂直，落点在对方场区底线附近的球称为高远球。单打比赛时常采用发高远球迫使对方退到最远的底线去接发球，这在一定程度上限制了对方一些进攻技术的发挥，也可使对方消耗更多的体力。

动作要领：两脚自然开立，左脚在前，脚尖对网，右脚在后，脚尖稍向右侧，重心在右脚上。左手拇指、食指和中指夹持住羽毛球中部，自然平举于胸前方。持球手自然松开，使球自然下落；右手上臂外旋，并带动前臂自下而上沿半弧形做回环引拍动作。当拍面与球在身体右侧前下方接触的瞬间，前臂迅速内旋带动手腕，快速向前上方闪动，屈腕、屈指发力，用正拍面将球击出。身体重心移至左脚，持拍手随击球动作的惯性自然向上方挥动。（图4–4–5）

图4–4–5

2. 发平高球

平高球是一种弧线高度比高远球低，速度比高远球快，具有一定攻击性的球。

动作要领：发球前的准备姿势和发球动作过程与发高远球大致相同，只是在击球的一刹那，前臂加速带动手腕向前上方挥动，拍面要向前上方倾斜，以向前用力为

主，球击出的弧线高度以对方伸拍打不到为宜，落点在对方场区底线。（图4–4–6）

图4–4–6

3. 发平快球

平快球的弧线高度比平高球还要低，速度比平高球快。在应对反应较慢、站位较前、动作幅度较大的对手或初学者时，发平快球的效果往往很好。

动作要领：其准备姿势同发高远球。站位比发平高球稍后些（防止对方很快回球到已方后场），充分利用前臂带动手腕的爆发力向前方用力，球直接从对方肩上稍高位置越过，直攻对方后场。发平快球的关键是击球的动作要小而快，但前期动作应和发高远球一致。发平快球时应注意不要超手、超腰，以免犯规。

4. 发网前球

发网前球是在双打中主要采用的发球技术。单打比赛中，如果害怕发高球遭到对方球速较快的直接攻击或主动改变发球方式借以调动对方，可发网前球。

动作要领：其准备姿势同发高远球。击球时，握拍手要放松，上臂动作要小，主要靠前臂带动手腕向前切送，用力要轻，注意手腕不能有上挑动作。另外，落点要在前发球线后，发出的球要贴网而过，这可避免被对方扑杀。

（1）正手发网前球。正手发网前球是用正手握拍，以正拍面击出飞行弧度比正手发平高球还要低的一种发球。球几乎是擦网而过，落入对方前发球区。击球后的动作与发高远球一样，自如地向左前方挥动。

动作要领：准备姿势大致与发高远球相同。用球拍完成小的回环动作。肘关节保持稍微弯曲，腕关节没有或者只有很少的参与。右髋向前送，身体重心移至左脚。击球点位于右侧体前几乎与髋同高的位置，拍头必须低于持拍手。略晚些抛球，手臂离身体较近击球，髋部快速转向前。球拍继续向前挥拍，直到球拍位于大约与胸同高的位置。（图4-4-7）

图4-4-7

（2）反手发网前球。反手发网前球的特点是动作小、出球快，对方不易判断。在双打比赛中多采用此发球技术。

动作要领：面向球网，两脚前后站立（左脚或右脚在前均可），上体稍前倾，身体重心在前脚上。右手反手握拍，左手拇指、食指和中指捏住球的两三根羽毛，球托明显朝下（避免犯规），球体与拍面平行或球托对准拍面，放在拍面前方。左手放球的同时，以肘为轴，持拍手前臂内旋，带动展腕，由后向前做回环半弧形挥动，至一定发力所需幅度。手腕由外展至内收发力，靠手腕和手指控制力量，以斜拍面向前轻轻推送切击球托，使球尽可能低地沿网上方飞过并落入对方前发球线内。以制动动作

结束发力，并迅速将握拍姿势调整为正手握拍。（图4-4-8）

图4-4-8

（三）接发球技术

接发球与发球是一对矛盾：发球方想方设法发出各种不同线的球，以此来控制对方；而接发球方后发制人，以达到反控制的目的。羽毛球比赛就是在这种控制与反控制的争夺中进行的。

1. 接发球站位

不论是单打比赛还是双打比赛，运动员都应选择一个合理的接发球站位。一般情况下，单打的接发球站位在离前发球线约15米处，在右发球区应站在靠中线的位置，在左发球区应站在中间稍偏边线位置，主要防备对方发球攻击反手部位；双打的接发球站位可靠近发球线。

2. 接发球的准备姿势

单打接发球应左脚在前，右脚在后，侧身对网，使身体重心在前脚上，后脚脚跟稍提起，收腹含胸，持拍于右身前，两眼注视对方。双打接发球的准备姿势基本同单打接发球，但身体重心可随意放在任何一只脚上，将球拍高举在肩上，注意力要高度集中。

（四）击球技术

1. 击高远球

击出高弧线飞行的、几乎垂直落到对方底线附近场区的球，称为击高远球。

（1）正手击高远球。正手击高远球是羽毛球击球技术的基础。

动作要领：左脚在前，右脚在后，侧身对网。右手正手握拍，屈肘于体侧，上臂、前臂间的夹角为45°左右；左手自然上举，保持平衡，双眼注视来球方向。当球下落到一定的高度时，右臂手肘上抬，后摆引拍，以肩为轴做回环动作；前臂充分向后下方摆动并外旋，手腕充分伸展。左手随身体协调屈臂，向身体左侧下降。击球时，右前臂急速内旋并带动手腕加速向前上方挥动，手腕屈收，手指屈指发力，用正拍面将球击出。击球点选在右肩的前上方，其高度以持拍手臂自然伸直击球为宜。右手随击球后的惯性向左前下方挥动，顺势收回至体前，呈接球前的准备姿势。（图4–4–9）

图4–4–9

（2）反手击高远球。反手击高远球是在被动情况下使用的过渡手段，帮助运动员重新调整站位。

动作要领：判断对方来球的方向和落点，迅速将身体转向左后方，步法到位后，右脚前交叉跨到左侧底线，背对球网，身体重心在右脚上，使球在身体的右肩上方。击球前，由正手握拍迅速换为反手握拍，并持拍于胸前，拍面朝上。击球时，以上臂带动前臂，通过手腕的闪动、自上而下地甩臂将球击出。在最后用力时，要注意拇指的侧压力与甩腕配合，同时要利用两脚的蹬地、转体等协调全身用力。（图4-4-10）

图4-4-10

（3）头顶击高远球。在左后场区，用正手在头顶中间部位或在左肩上方将来球击到对方底线的高远球击球法称为头顶击高远球。这种击球技术是我国运动员对羽毛球技术发展的一项贡献，它比反手击球主动性强，具有更大的攻击性，初学者应努力学好头顶击高远球技术。

动作要领：击球前的准备姿势及击球动作与正手击高远球基本一致。二者不同的是头顶击高远球的击球点在左肩上方（因来球是飞向左后方的）。准备击球时，侧身（左肩对网）稍向左后仰。击球时，上臂带动前臂，使球拍绕过头顶，从左上方向前加速挥动。在用力击球时，要注意发挥手腕的爆发力，充分利用蹬地及收腹的力量。击球后，左脚在身后着地并立即回蹬，同时右脚前移，将身体重心移至右脚。

2. 击平高球

依据击球方式和击球时球与人的位置，将击平高球技术分为正手击平高球、头顶击平高球和反手击平高球三种。比较而言，正手击平高球和头顶击平高球更为常用。

（1）正手击平高球。正手击平高球是用正手握拍以正拍面击出飞行弧线高度比后场高远球低，但对手持拍站在中场起跳到最高点又不能拦击到来球的一种击球方式。

动作要领：准备姿势和引拍动作同正手击高远球。击球动作与正手击高远球基本一致，只是在击球时，运用前臂带动手腕充分闪动，然后屈指发力，以比击高远球仰角稍小一些的正拍面（拍面与地面近似垂直）将球击出。击球后右手顺势向左下方减速摆臂，最后至体前，呈接球前的准备姿势。（图4-4-11）

图4-4-11

（2）头顶击平高球。头顶击平高球是在左后场区用正手握拍以正拍面在头顶击出较后场高远球弧线高度低，但对手持拍站在中场起跳到最高点又不能拦击到来球的一种击球方式。

动作要领：判断来球后，迅速向左侧后场蹬转侧身，做好击球前的准备。引拍动作、击球动作和击球后的动作同正手击平高球。

3. 吊球

将对方击来的后场高球还击到对方网前区称为吊球。它的作用是调动对方站位，以利于己方组织进攻。

动作要领：一种吊球为劈吊，其用力较小，挥拍时拍面正面向内倾斜，手腕做快速切削下压动作。若劈吊斜线球，则球拍切削球托的右侧，并向左下方发力；若劈吊直线球，则拍面正对前方，向前下方切削。另一种吊球为轻吊（拦截吊），用力更轻一些，挥拍时拍面正对来球，用拍面将球轻轻一挡，使球以平弧线、较慢速度越网垂直下落。

4. 杀球

将对方击来的高球全力向下扣压称为杀球。它的特点是力量大、速度快，是进攻的重要技术。

动作要领：准备姿势和击球动作同正手击高远球，不同的是最后用力的方向朝下，而且要充分利用蹬地、转体收腹及手臂和手腕的爆发力全力将球向下击出，在击球的一刹那要握紧球拍。无论采用哪种动作杀球，都可做重杀、轻杀、长杀、深杀、直线杀和斜线扣杀。杀球时只要通过手腕和手指控制拍面倾斜角度、用力方向和大小，就可以扣杀出不同形式的球。这些不同形式的杀球主要是为了满足战术的需要，应根据对方的站位情况灵活运用。一般都是通过打高球和吊球来为扣杀创造机会，显示杀球的威力。

5. 平抽球

将位于身体左右侧，高度在肩以下、腰以上的球平抽击过去称为平轴球。抽球时以腰为轴，从转髋发力开始，发挥手臂的摆速和手腕的爆发力。平抽球在双打比赛中比在单打比赛中运用得更多，特别是双打中前场球的飞行距离短、速度快、擦过网、飞行弧线低与地面平行。平抽球有正手平抽球和反手平抽球两种：

（1）正手平抽球。

动作要领：面对球网，右脚稍在前，膝微屈，前脚掌着地，右手握拍于体前。右脚稍向前迈出一小步，同时上体稍向右倾，右臂向右侧上摆。球拍上举，肘关节保持一定角度，前臂稍后摆带有外旋，手腕从稍外展至后伸，使球拍到后下方。前臂急速向右侧前挥动，从外旋转为内旋，球拍由后伸至闪腕，握紧拍柄，挥拍抽击球托底部。球拍向左侧顺势盖过去，收拍于胸前回位。（图4–4–12）

图4–4–12

（2）反手平抽球。

动作要领：准备姿势与正手平抽球基本相同。右脚向前跨一步，身体左转，右前臂往身前收。肘部稍上抬，前臂内旋，手腕外展，球拍引向左侧。右前臂往前挥拍的同时外旋，手腕由外展伸直至内收闪腕，手指突然握紧拍柄，拇指前顶，迎球挥拍，从球托的底部盖压过去。击球后，球拍随身体回转而回收。（图4–4–13）

6. 平挡球

（1）正手平挡球。正手平挡球是用正手握拍，以正拍面将位于身体右侧体前的来球轻挡过网，使球过网后落于对方网前区域的一种中场击球技术。

图4-4-13

动作要领：准备姿势与正手平抽球动作相同。右脚向右侧跨出一步，在跨步的同时球拍向右侧后引，对准来球，上体向右后方转至左肩对网，髋关节也转向右后方，右腿蹬直，给接近右侧身体的来球让出适当空位。击球时不必做较大的挥拍动作，只需借助来球力量，在手腕外展闪动的同时，食指、中指往拇指方向轻轻提拉，靠其余手指突然紧握拍柄产生的力量将球轻挡过网。击球后，右脚向前迈，球拍随身体向左转，收回于身前。（图4-4-14）

图4-4-14

（2）反手平挡球。反手平挡球是用反手握拍，以反拍面将身体左侧体前方来的球轻挡过网，使球过网后落于对方网前区域的一种中场击球技术。

动作要领：准备姿势与正手平抽球动作相同。球拍向左下侧摆，上体稍向左侧闪，左肩向后侧转动，让出适当的击球空位。击球时不必做较大的挥拍动作，只需借助来球力量以及手腕的内收动作，由屈腕至伸直闪腕，以握紧球拍产生的力量击球托的后底部，把球轻轻地弹击到对方网前区域。击球后球拍回收于体前，向前跟进一步，以便封住对方的直线或斜线网前回球。（图4–4–15）

图4–4–15

7. 推球

（1）正手网前推球。

动作要领：站在右网前，球拍向右侧前上举。在肘关节微屈回收时，前臂稍外旋，手腕稍向后侧，球拍也随之往右下后方摆，拍面正对来球。这时，小指和无名指稍松开，使拍柄稍离开鱼际肌，拇指和食指向外捻动拍柄，拍面变为后仰。推球时，身体稍向前移，右前臂向前伸并带内旋，手腕和手指控制拍面角度，手腕由后伸直并闪腕，食指向前压，小指和无名指突然握紧拍柄，球拍急速地由右经前上方至左挥动推球，使球沿边线飞向对方后场底角。在挥动过程中，球拍回收。（图4–4–16）

（2）反手网前推球。

动作要领：站在左网前，以反手握拍，前臂往前上方伸举。在前臂稍向左胸前收引，肘关节微屈，手腕外展时，变成反手推球的握拍法，球拍松握，反拍面迎球。当前臂前伸并带外旋，手腕由外展到伸直并闪腕，中指、无名指和小指突然握紧拍柄，拇指顶压，往右前方挥拍时，推击球托的左侧后部，使球沿对角线方向飞行。击球后，手臂回收，恢复击球前的准备姿势。（图4–4–17）

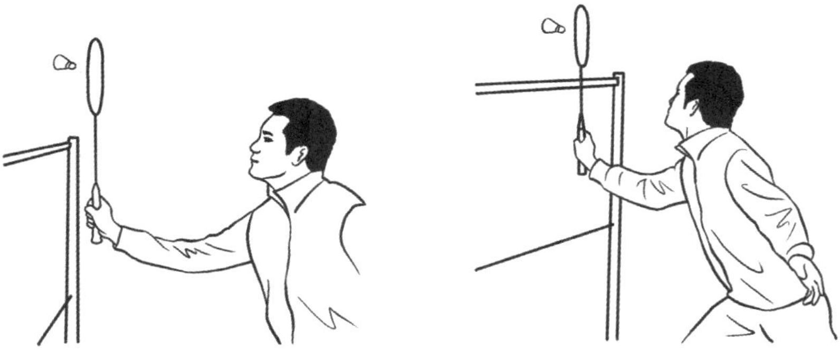

图4-4-16

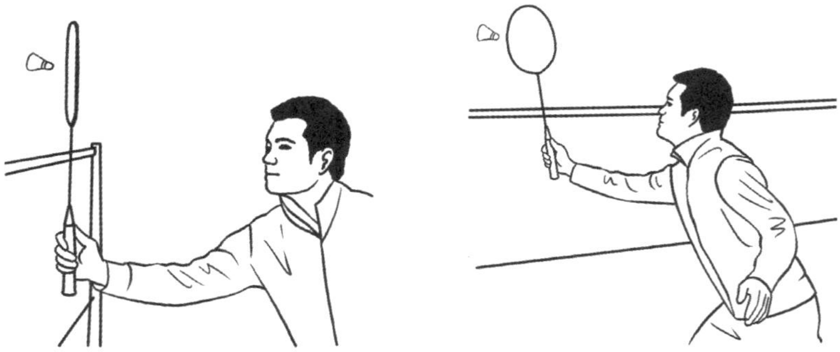

图4-4-17

8. 搓球

（1）正手网前搓球。正手网前搓球是用正手握拍，以正拍面将网前位置的来球用“搓”“切”等动作回击到对方网前区域的一种击球方式。

动作要领：侧身对右边网前，正手握拍，将球拍举高。两臂抬起，以获得身体平衡，同时身体转向侧面。（注意：要伸出左手以保持身体平衡，这一点很重要。）当球拍举至最高点时，前臂向外旋，手腕由后转伸至稍内收闪动，握拍手的食指和拇指夹住球拍，中指、无名指和小指轻握球拍柄，使球拍在手腕和手指的挥摆用力下，搓击来球的右下底部。球拍拍面不是像直线那样切过去，而是要稍稍带一点倾斜度，这样才能使球旋转起来，翻滚过网。（图4-4-18）

（2）反手网前搓球。反手网前搓球是用反手握拍，以反拍面将网前位置的来球用“搓”“切”等动作回击到对方网前区域的一种击球方式。

动作要领：运用反手上网步法向来球方向移动，击球前的动作同正手网前搓球。随步法移动握拍方式调整为反手，前臂举起，手腕前屈，手背约与球网同高，拍面低于网顶，用反拍面迎球。击球时手腕由展腕至收腕发力，由左至右切击球托的左后侧部。击球后动作同正手网前搓球，握拍要从反手握拍还原为手放松握拍。（图4-4-19）

图4-4-18

图4-4-19

9. 勾球

勾球是将对方击到自己前场区域的球还击到与之成对角线位置的对方网前区域的击球技术。

（1）正手网前勾球。

动作要领：勾球一般采用并步加蹬跨步上网的步法。其准备姿势与正手网前搓球相同。在步法移动的同时，球拍随着前臂往右前上方举起，前臂在前伸的同时稍外旋，手腕微后伸。这时的握拍稍有变化，将拍柄稍向外捻动，使拇指贴在拍柄的宽面上，食指的第二指节贴在与其相对的另一个宽面上，拍柄不触及掌心。击球后，球拍回收至右肩前。（图4-4-20）

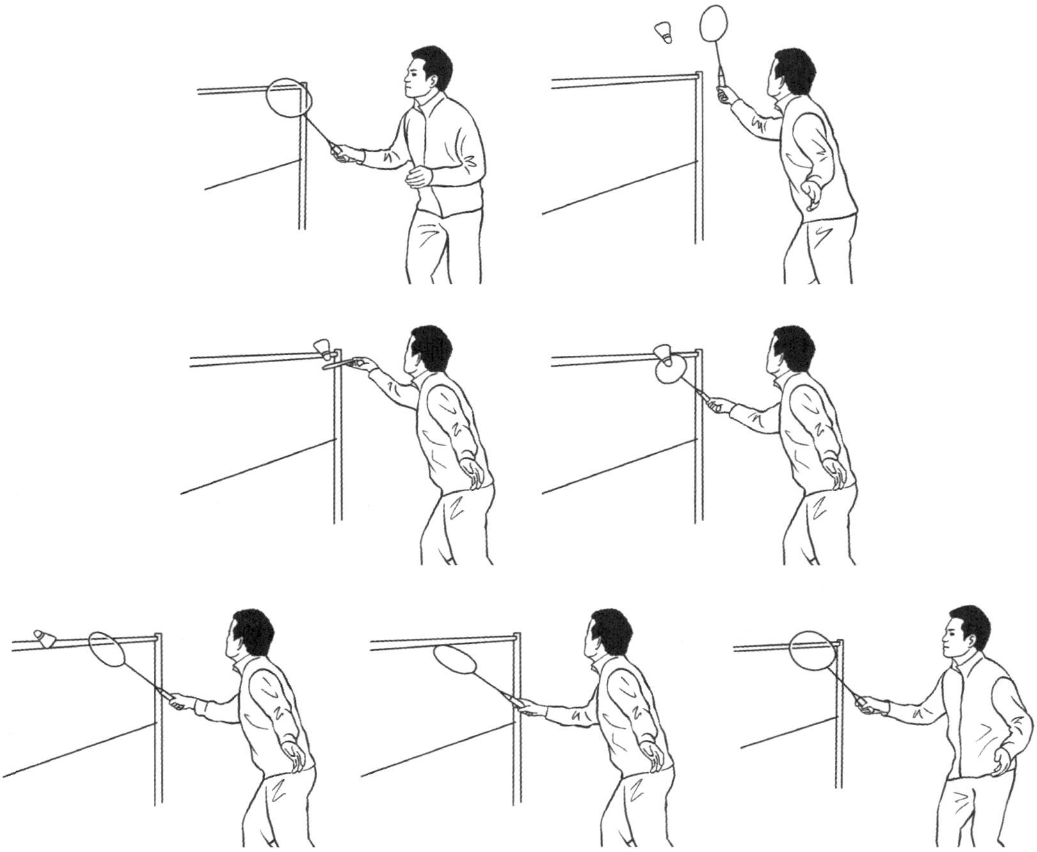

图4-4-20

（2）反手网前勾球。

动作要领：其准备姿势与正手网前搓球相同。在步法移动的同时，手臂向左前方平举（不要完全伸直，肘关节稍弯曲）。击球时，肘部下压，同时前臂稍外旋，手腕由稍屈至后伸并闪腕，拇指内侧和中指把拍柄向右侧一拉，其他手指突然紧握拍柄，拨击球托的左侧部，使球沿着对角线飞行。击球后，球拍向右回收。（图4-4-21）

图4-4-21

10. 扑球

（1）正手扑球。

动作要领：迅速移向网前，右脚在前，上体直立。在跑动过程中完成击球准备，拍头要过头顶。击球时，随着手臂由屈到伸，手腕由后伸至向前闪动及手指顶压，将球扑下。（图4-4-22）

（2）反手扑球。

动作要领：迅速近网，右脚在前，上体直立。在跑动过程中球拍高举过头。向左转动球拍，使拍面正对球网。击球时，前臂伸直外旋，带动手腕内收至外展，拇指顶压，加速挥拍扑球。如果来球靠近网，手腕可外展，由左向右拉切击球，以免触网。（图4-4-23）

11. 挑球

（1）正手挑球。

动作要领：正手握拍举于胸前，右脚向右前跨出一大步，左脚在后，侧身向前，重心在右脚上。同时右臂向后摆，自然伸腕，使球拍后引。然后以肘关节为轴，屈臂内旋，并握紧球拍，用食指及手腕的力量将球向前上方击出。（图4-4-24）

图4-4-22

图4-4-23

图4-4-24

（2）反手挑球。

动作要领：反手握拍举于胸前，右脚向左前方跨出一大步，重心放在右脚上。同时右肩向网，屈肘引拍至左肩旁。然后以肘关节为轴，握拍经体前由下向上，用拇指第一指节压住拍柄的宽面，用力将球击出。（图4-4-25）

图4-4-25

图4-4-25（续）

三、羽毛球基本战术

羽毛球基本战术是指运动员在比赛中为表现出高超的竞技水平和战胜对手而采取的计谋和行动。在羽毛球比赛中，运动员要控制对手，力争主动。以己之长，克彼之短，抑彼之长，避己之短，根据不同对手的特点，采取相应的技术手段战而胜之，这便是羽毛球基本战术的意义。

（一）单打基本战术

1. 发球抢攻战术

由于发球不受对方干扰，发球者可以根据规则，随心所欲地以任何方式将球发到对方接球区的任意位置。若善于利用多变的发球技术，便可先发制人，取得主动。以发平快球和网前球配合，争取创造第三拍的主动进攻机会，就是发球抢攻战术。

2. 攻后场战术

采用重复打高远球或平高球的技术，压对方后场两点，迫使对方处于被动状态，一旦其回球质量不高，便伺机杀球、吊球，一击制敌。

3. 逼反手战术

一般来说，后场反手击球的进攻性不强，球路也较简单。对于后场反手较差的对手要毫不放松地加以攻击。先拉开对方位置，使对方反手区露出空当。然后把球打到对方反手区，迫使对方使用反手击球。例如，先吊对方正手网前球，若对方挑高球，便以平高球攻击对方反手区。在重复攻击对方反手区迫使其远离中心位置时，突然吊对角网前球。

4. 四方球突击战术

以快速的平高球、吊球准确地打到对方场区的四个角落，迫使对方前后、左右奔跑，当对方来不及回中心位置或失去重心时，抓住空当和弱点进行突击。

5. 吊、杀上网战术

先在后场以轻杀配合吊球把球下压，落点要选择在场地两边，使对方被动回球。若对方还击网前球，便迅速上网搓球或勾对角快速平推球；若对方在网前挑高球，可在其后退途中把球直接杀到对方身上。

（二）双打基本战术

1. 攻人（二打一）战术

这是一种经常使用的行之有效的双打战术。当发现对方有一个人的防守能力或心理素质较差，失误率比较高或防守球路单调时，就可采用这种战术，把球攻到较弱者的一侧。

这种战术可集中优势兵力以多打少，以优势打劣势，造成主动或得分；有利于打乱对方防守站位；另一个不被攻的人，由于没有球可打，其站位会慢慢地偏向同伴，形成站位上的空当，有利于己方突击另一侧而成功；有利于造成对方思想上的矛盾而互相埋怨，影响其士气。

2. 攻中路战术

采用这种战术，不论对方把球打到什么位置，攻球的落点都应集中在对方两人之间的位置，并靠近防守能力较弱者一侧或在中线上。攻中路战术可以造成对方抢球或漏球，也可以限制对方挑出大角度的球，以利于己方网前的封网。

3. 攻直线战术

攻直线战术即杀球路线和落点均为直线，没有固定的目标和对象，只依靠杀球的力量和落点来得分。当对方的来球靠边线时，杀球的落点在边线上；当对方的来球在中间区域时，就朝中路进攻。这种战术在使用上较易记住和贯彻。杀直线球虽然难度大，但效果不错，便于网前同伴的封网。

4. 后攻前封战术

采用这种战术，当己方取得主动攻势时，后场队员逢高球必杀，前场队员积极移动，封网扑打。

5. 防守反击战术

防守时，对方攻直线球，己方挑对角平高球；对方攻对角球，己方挑直线平高球，以达到调动对方移动的目的。然后可采用挡或勾网前球的精巧网前技术迫使对方起球，创造后场进攻机会，达到反守为攻的目的。

思政小课堂

中国羽毛球队起步较晚，曾与世界顶尖水平有着巨大差距。中华人民共和国成立后，被誉为新中国羽毛球事业“拓荒者”的王文教在1954年不顾印尼方面和家人的反对，与搭档陈福寿等华侨青年一起归国，为祖国羽毛球事业的发展贡献力量。如今，中国无疑是世界羽毛球运动的强国，运动健儿们在各大国际赛事上为祖国顽强拼搏、奋勇夺金，他们登上领奖台，五星红旗在赛场上飘扬，嘹亮的国歌奏响，彰显着羽球大国魅力。学习华侨归国指导运动健儿奋勇夺金的事迹，能让大学生深深体会到为祖国贡献自己力量的爱国主义精神，意识到当自己走上社会后，也应尽自己的最大力量为祖国无私奉献。

任务考核与自评

羽毛球基本技战术

姓名：	院（系）：	学号：	日期：
羽毛球基本技术：			
羽毛球基本战术：			
得分：			
体育教师签字：			日期：

项目五

形体训练

学习任务目标

项目任务

- 任务一
  - （1）了解健美操的相关知识。
  - （2）掌握健美操基本动作和基本技术。
- 任务二
  - （1）了解体育舞蹈的相关知识。
  - （2）掌握体育舞蹈基本术语和基本技术。
- 任务三
  - （1）了解瑜伽的相关知识。
  - 2）掌握瑜伽呼吸、瑜伽冥想姿势和初学者瑜伽姿势。
- 任务四
  - 1）了解跳绳的相关知识。
  - 2）掌握跳绳基本动作。

任务一　健美操

一、健美操概述

（一）健美操的起源与发展

现代健美操起源于20世纪60年代末的美国。20世纪70年代末，健美操发展成一项独立的体育运动项目，风靡世界。好莱坞电影演员简·方达是现代健美操的代表人物，她根据自己的健身体会和经验编写了《简·方达健美术》一书，于1981年在美国出版发行，立刻引起轰动，并被翻译成20多种语言，在全世界30多个国家和地区出售，对健美操在世界范围内的推广起到了巨大的作用。20世纪80年代初，健美操传入我国伊始就受到了青年学生的喜爱，并在高校和社会上普及开来。随后，北京、上海、广州等地相继举办了各种健美操活动，极大地推动了我国健美操的发展。

（二）健美操的概念与分类

1. 健美操的概念

健美操是在音乐伴奏下，以身体练习为基本手段，以有氧运动为基础，以增进健康、塑造形体和娱乐为目的的一项体育运动。

2. 健美操的分类

根据练习的主要目的和任务，健美操可分为竞技健美操、健身健美操和表演健美操；根据练习形式，健美操可分为徒手健美操、器械健美操和特殊场地健美操；根据性别特征，健美操可分为女子健美操和男子健美操；根据年龄特征，健美操可分为幼儿健美操、儿童健美操、少年健美操、青年健美操、中年健美操和老年健美操；根据锻炼部位，健美操可分为颈部健美操、肩部健美操、臂部健美操、胸部健美操、腹部健美操、腰部健美操、臀部健美操、腿部健美操等。

（三）健美操的特点与作用

（1）健美操具有以下特点：适用于各类人群，健身美体实效性强，具有鲜明的节奏感和韵律感，健身安全性高，在创新中不断发展。

（2）健美操的作用包括：增进健康，增强体质；塑造健美形体，提高审美能力；缓解精神压力，娱乐身心。

二、健美操基本动作

（一）基本手形

健美操的手形有多种，是从爵士舞、西班牙舞、迪斯科、武术中的手形发展而来的。恰到好处地运用手形，可以使手臂动作更加生动活泼，表现出美感，还有助于加强动作的力量。健美操的手形主要有掌和拳两种。

1．掌

掌又分为开掌、并掌和花掌。

（1）开掌：五指用力伸直张开。（图5–1–1）

（2）并掌：五指并拢伸直。（图5–1–2）

（3）花掌：五指分开，小指内旋，拇指稍内收。（图5–1–3）

2．拳

五指弯曲紧握，拇指压在食指、中指的第二关节处。（图5–1–4）

图5–1–1

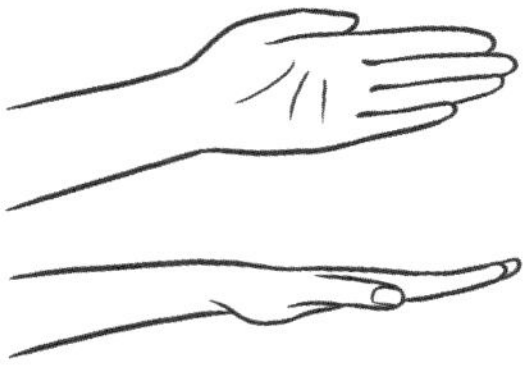

图5–1–2

图5–1–3

图5–1–4

（二）头颈动作

头颈动作由屈、转、绕与绕环等动作组成。做各种形式的头颈动作时，节奏要慢，上体保持正直，充分伸展颈部的被动肌群。（图5–1–5）

图5–1–5

（三）肩部动作

肩部动作由提肩、沉肩、绕肩、肩绕环等动作组成。提肩时要尽量向上；沉肩时要尽量向下，动作幅度要大而有力；绕肩时上体不能摆动，头与颈不能前探。（图5–1–6）

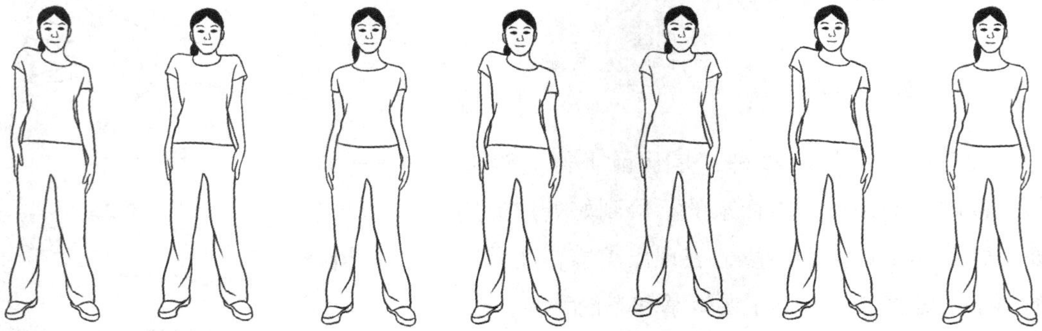

图5–1–6

（四）臂部动作

臂部动作由举、屈、伸、摆、绕、绕环、振、旋等动作组成。做臂部动作时，上体保持正直，位置要准确，幅度要大，力求伸展到身体的最远端。（图5–1–7）

图5–1–7

图5-1-7（续）

（五）胸部动作

胸部动作由含胸、展胸、移胸等动作组成。做胸部动作时，收腹、立腰，胸的动作要达到最极限。（图5-1-8）

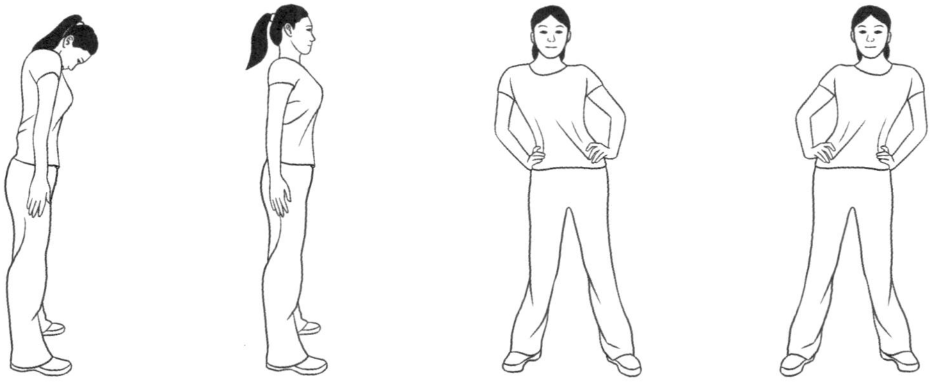

图5-1-8

（六）腰部动作

腰部动作由屈、转、绕、绕环等动作组成。做腰部动作时，身体远端尽量向外延伸，前屈、旋转时，上体立直，绕和绕环时，速度放慢，要充分及连贯。（图5-1-9）

（七）髋部动作

髋部动作由顶髋、提髋、绕髋和髋绕环等动作组成。练习髋部动作时，上体放松，髋关节应平稳、柔和、协调，并稍带弹性。（图5-1-10）

图5-1-9

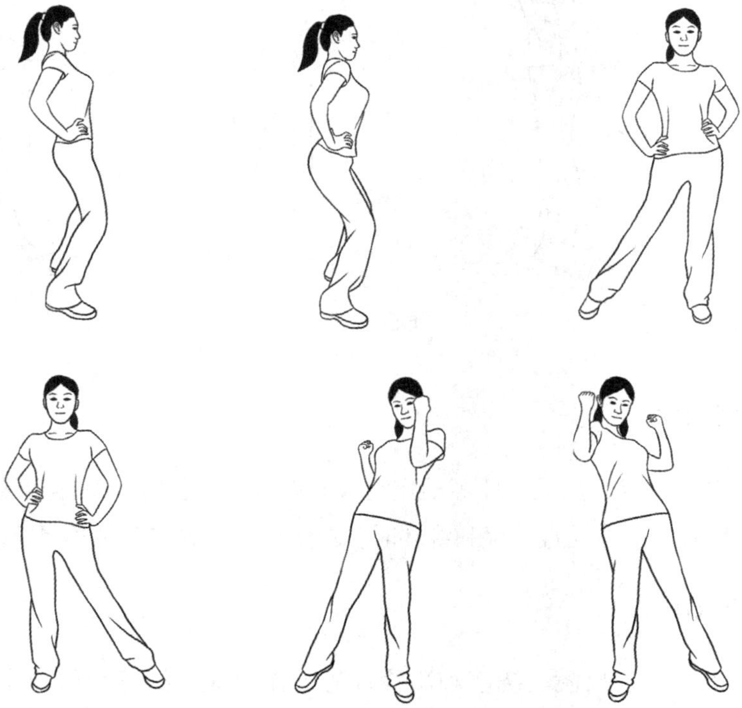

图5-1-10

（八）基本步法

健美操基本步法是体现健美操练习者下肢动作基本姿态的主要手段，基本步法的练习能培养练习者的协调性和节奏感。变化多样的健美操步法主要由以下七个基本步法及其变化动作发展而来。

（1）踏步：两脚依次抬起，依次落地，落地时膝关节、踝关节有弹性地缓冲。动作变化有踏步转体、踏步分腿与并腿等。

（2）吸腿：一条腿屈膝上抬，小腿自然下垂，另一条腿微屈膝缓冲，后背挺直。动作变化有原地吸腿、迈步吸腿、移动吸腿、转体吸腿、跳吸腿、向前吸腿、向侧吸腿等。

（3）踢腿：一条腿直膝上摆，保持脚背绷直，另一条腿微屈膝缓冲站立，上体尽量保持直立。动作变化有原地踢腿、移动踢腿、踢腿跳、前踢腿、侧踢腿等。

（4）后屈腿：一条腿站立，另一条腿后屈，脚后跟向着臀部，然后还原，练习中主力腿保持有弹性的屈伸。动作变化有原地后屈腿、迈步后屈腿、移动后屈腿、转体和后屈腿跳等。

（5）弹踢腿跳：一条腿跳起，同时另一条腿有控制地经屈膝伸直，保持脚背绷直。动作变化有原地弹踢腿跳、移动弹踢腿跳、转体弹踢腿跳、向前后弹踢腿跳、向侧弹踢腿跳等。

（6）开合跳：并腿跳成左右分腿落地，两脚自然外开，膝关节沿脚尖方向屈，然后分腿跳起并腿落地，落地时屈膝缓冲。动作变化有原地开合跳、移动开合跳、转体开合跳等。

（7）弓步跳：并脚跳成分腿，一条腿屈膝，另一条腿伸直，重心在两腿之间，两脚在一条线上，屈膝腿膝关节弯曲不超过90°。动作变化有弓步交换腿跳、弓步转体跳、剪刀跳等。

三、健美操基本技术

（一）弹动技术

健美操的弹动技术是健美操非常重要的技术之一，是健美操的最基本特征，是用以区别其他运动项目的重要因素之一。健美操的弹动主要依靠踝关节、膝关节、髋关节的屈伸缓冲产生，它的主要作用是减少运动对关节的冲击力，从而减少运动对人体造成的损伤。

（二）平衡与重心转移技术

人体运动时使整个运动过程中身体稳定是至关重要的。在健身健美操动作中，人体的平衡是保证运动安全、平稳和流畅的重要因素之一。健美操中利用加大支撑面积、降低重心等方式来保持人体的平衡与稳定。

（三）身体控制技术

1.姿态的控制

健美操的身体姿态是根据现代人的人体与行为美的标准而确立的。通常，人体在整个运动过程中，在非特殊条件下，应该保持自然挺拔，头部稍稍昂起，颈椎、胸椎、腰椎在保证正常的生理曲线的情况下（不包括特殊动作与难度缓冲动作等），不仅美观，而且具有保护作用。

2.操化动作的控制

操化动作的控制是指操化动作的肌肉发力与控制。健美操的每一个操化动作要求有清楚的开始与结束。动作开始时位置准确，动作过程中肌肉用力加速运动，但不要用力过猛致使肌肉僵硬，结束时有明显的停顿。肌肉收缩不要求完全强直收缩，只要有控制即可，肌肉的用力要做到自然流畅，有力而不僵硬，松弛而不松懈。

（四）半蹲技术

健美操中的半蹲要求上体稍前倾，臀部朝向后45° 方向，膝盖与脚尖应朝一个方向，不能内扣，脚尖自然外开，呈小“八”字。所有的半蹲不能超过90°，膝盖不能超过脚尖，低头能看到脚尖。否则会使膝关节压力特别大，易造成损伤。

（五）落地技术

落地缓冲的主要目的是使身体尽可能地保持稳定，同时减少地面对关节、肌肉的冲击力，以免造成运动损伤。健美操的落地技术是一种滚动技术，即落地时，由脚跟着地过渡到全脚掌着地或由前脚掌着地过渡到全脚掌着地，然后迅速屈膝屈髋缓冲。所有动作在瞬间依次完成，使身体尽可能保持稳定，用以缓冲地面对人体的冲击力，以免造成运动损伤。同时，躯干与手臂保持良好的姿态，肌肉用力控制，以保持动作的正确与稳定。若脚后跟总是不着地，易造成小腿疲劳，且不美观。

思政小课堂

健美操，尤其是引入啦啦操项目的健美操，是一种讲究团队精神的大众体育运动。团队成员之间需要相互配合，沟通协作。学习健美操，有利于大学生的集体主义观念、团结协作精神、换位思考能力、协调决策能力的培养和提高。

任务考核与自评

健美操基本手形和基本步法

姓名：	院（系）：	学号：	日期：
健美操基本手形：			
健美操基本步法：			
得分：			
体育教师签字：			日期：

任务二 体育舞蹈

一、体育舞蹈概述

（一）体育舞蹈的起源与发展

体育舞蹈起源于西方国家，也称交际舞、交谊舞，已流传数百年，经历了原始舞蹈—公众舞—民间舞—宫廷舞—社交舞—新旧国际标准舞等发展阶段。

交际舞起源于14—15世纪的意大利，16—17世纪传播到欧美各国，尤其在法国得到较快发展。1768年巴黎举办了第一个收费的舞会，法国大革命推动了舞厅交际舞的发展，华尔兹成为19世纪中叶主要的舞会交际舞。1924年开始，英国皇家舞蹈教师协会对华尔兹、探戈、维也纳华尔兹、狐步、快步等舞的舞姿、舞步和跳法加以规范和整理，统称为国际标准舞。第二次世界大战后，英国皇家舞蹈教师协会又将伦巴、恰恰、桑巴、斗牛、牛仔等拉丁舞整理并纳入国际标准舞范畴。此时，国际标准舞已包括标准舞、拉丁舞，发展到10个舞种。

国际标准舞以其特有的风格和魅力在较短的时间里风靡世界，并获得了较高的国际声誉。其本身具有的典雅属性和规范化的基本舞步以及日趋清晰的技术体系得到了公众的认可。国际标准舞的普及推动了竞赛的开展。1959年，国际交际舞理事会制定了规则，举行了第一届交际舞世界锦标赛，此后每年举行一次。1960年，拉丁舞被正式列为世界锦标赛比赛项目。1964年，国际标准舞又增加了新的表演和比赛项目——团体舞（也称队列舞），使国际标准舞10个舞种的风格特点得到更为鲜明的体现。至此，国际标准舞已发展为标准舞、拉丁舞、团体舞三种形式，每年在国际上都有不同地区、不同规模，各种级别的多种比赛。目前，国际标准舞统称为“体育舞蹈”。

（二）体育舞蹈的内涵与特点

体育舞蹈是体育运动项目之一，是由文艺范畴的舞蹈演变而来的体育项目，兼具文艺和体育的特点（如律动性、规范性、艺术性、娱乐性、健身性等），是以竞赛为目的，具有自娱性和表演观赏性的竞技舞蹈。

（三）体育舞蹈的项目分类和内容特点

体育舞蹈按风格和技术结构可分为标准舞和拉丁舞两大类，按竞赛项目可分为标准舞、拉丁舞和团体舞三大类。

标准舞：又称摩登舞，起源于欧洲，具有端庄、含蓄、稳重、典雅的风格和绅士风度，包括华尔兹、探戈舞、狐步舞、快步舞和维也纳华尔兹。

拉丁舞：起源于非洲和拉丁美洲，具有热情、奔放、浪漫的风格特点，包括桑巴舞、伦巴舞、恰恰舞、斗牛舞和牛仔舞。

团体舞：标准舞或拉丁舞的混合舞，由八组选手组成，借助音乐的引导，将五种舞蹈在变化莫测的队形中编织出丰富多样的图案，它将音乐、舞姿、队形、图案和运动员间的和谐配合融为一体，实现完美统一，使体育舞蹈的风格特点得到了更为鲜明的表现。

二、体育舞蹈基本术语

（1）舞程向：在同一舞池中，为避免舞者相互碰撞而规定必须按逆时针方向行进，这一行进方向叫作舞程向。

（2）舞程线：沿舞程向方向行进的路线叫作舞程线。（图5–2–1）

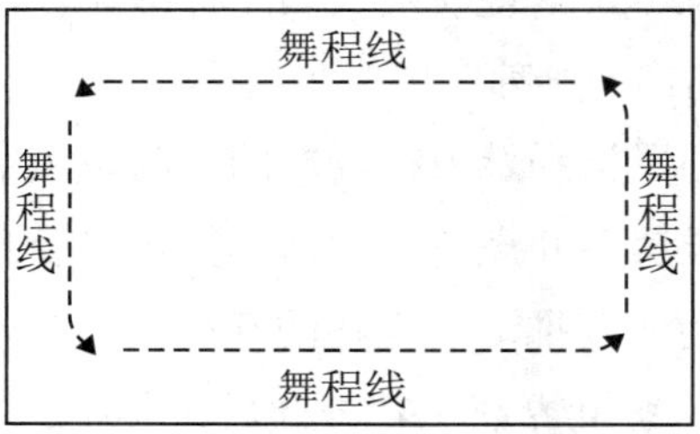

图5–2–1

（3）舞姿：泛指舞者跳舞的姿态。合对位舞姿（闭式舞姿）：“合”指男女交手握抱，“对”指男女面对面，合对位舞姿泛指男女面对面两手扶握的身体姿势。侧行位舞姿：指男士右侧身体与女士左侧身体贴靠，身体的另一侧略向外展开，呈“V”字形站立或行进的身体姿势。外侧位舞姿：指在摩登舞中，男女舞伴的一侧脚向舞伴同侧脚的外侧（右外侧或左外侧）前进所形成的身体姿势。并肩位舞姿：指在拉丁舞中，男女面对同一方向肩臂相并的身体姿势。以男士为基准，男士左肩与女士右肩相并叫作左并肩位，男士右肩与女士左肩相并叫作右并肩位。影子位舞姿：指男女舞伴面向同一方向重叠而立，形影相随的身体姿势。以女士居前较常见。

（4）反身动作：一侧脚前进或后退时，同侧肩和胯后让或前送，使身体与舞步形成反向配合的身体动作。

（5）反身动作位置：在身体不转动的情况下，一脚在身前或身后形成交叉，以保证两人身体维持相靠姿态的身体位置叫作反身动作位置。反身动作位置常用于外侧位舞姿、侧行位舞姿的舞步中。

（6）升降动作（起与伏）：指在跳舞时身体的上升与下降。升降动作是在膝、踝、趾关节的屈和伸动作的转换中完成的。

（7）倾斜动作：指在跳一些舞步时身体的倾斜。从形体上讲，倾斜动作是指肩的平衡线向左向右倾斜，它与地面的水平线成三角斜线。

（8）节奏：通常指以一定规律反复出现，赋予音乐以性格的、具有特色的节拍。

（9）速度：这里指音乐速度，即每1分钟内所演奏的小节总数。

（10）准线：指的是两脚的位置或两脚方向与场地的关系。

（11）平衡：舞蹈中身体重心的准确分配。

（12）基本舞步：构成一种特定舞蹈的基调舞步型。

（13）滑步：指在第二步两脚并拢的由三步组成的舞步。

（14）踌躇步：前进暂时受阻的舞步型或舞步型部分重心停留于一只脚超过一拍的舞步型。

（15）锁步：两脚前后交叉的舞步。

（16）脚跟转：向后迈出的脚的脚跟转。在动作过程中并上的脚必须与主力脚平行，旋转结束时身体重心移动至并上的那只脚。

（17）脚跟轴转：不变重心的单一脚跟旋转。

（18）开式转：第三步不是并靠而是超越第二步的旋转。

（19）轴转：一只脚的脚掌旋转，另一只脚处于或前或后的反身动作位置。

三、体育舞蹈基本技术

（一）标准舞

标准舞，体育舞蹈项群之一。在此介绍最常见的华尔兹舞种。

1．华尔兹的基本知识

（1）风格特点：庄重典雅，华丽大方，动作流畅起伏，婉转多变，舞姿飘逸洒脱，男士气宇轩昂，女士雍容大方。

（2）音乐节奏：3/4拍，一般情况下30～32小节/分钟，音乐华丽，节奏明显。

（3）基本步法：左脚并换步、右转步、右脚并换步、左转步、叉形步、侧行追步、后退锁步、后叉形步、纺织步、右旋转步。

2. 华尔兹的握抱姿势

（1）闭式舞姿。（图5-2-2至图5-2-4）

图5-2-2

图5-2-3

图5-2-4

（2）散式舞姿。（图5-2-5）

（3）外侧舞姿。（图5-2-6、图5-2-7）

图5-2-5

图5-2-6

图5-2-7

3. 华尔兹的基本步法

（1）左脚并换步：开始姿势和结束姿势采用闭式舞姿。1～3步动作及脚迹图示如图5-2-8至图5-2-12所示。

（2）右转步：开始姿势和结束姿势采用闭式舞姿。1～6步动作及脚迹图示如图5-2-13至图5-2-20所示。

（3）右脚并换步：开始姿势和结束姿势采用闭式舞姿。1～3步动作及脚迹图示如图5-2-21至图5-2-25所示。

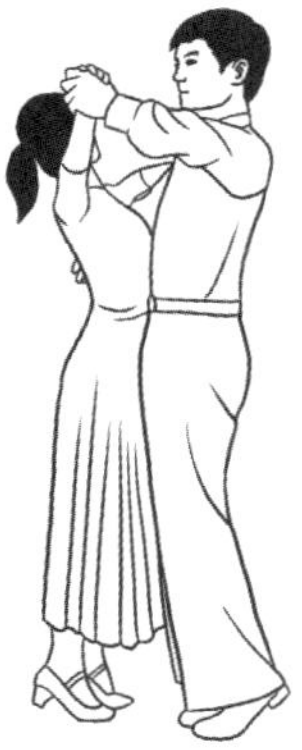
图5-2-8

图5-2-9

图5-2-10

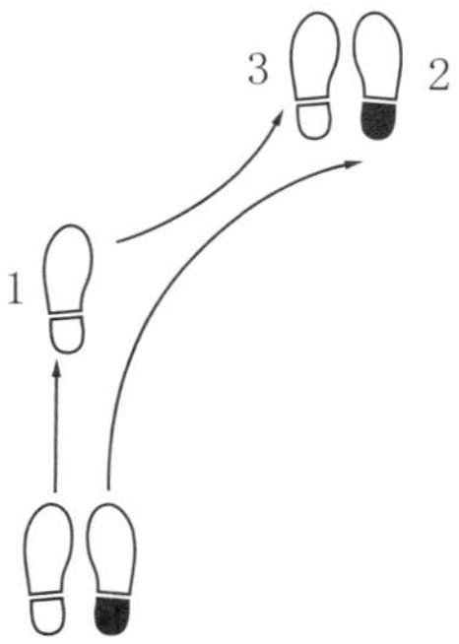

图5-2-11

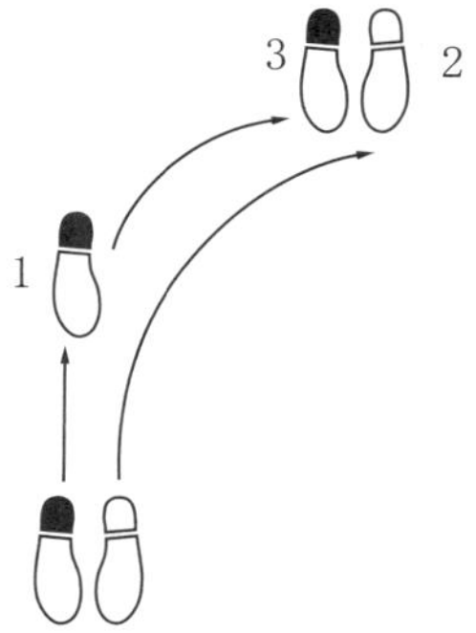

图5-2-12

图5-2-13

图5-2-14

图5-2-15

图5-2-16

图5-2-17

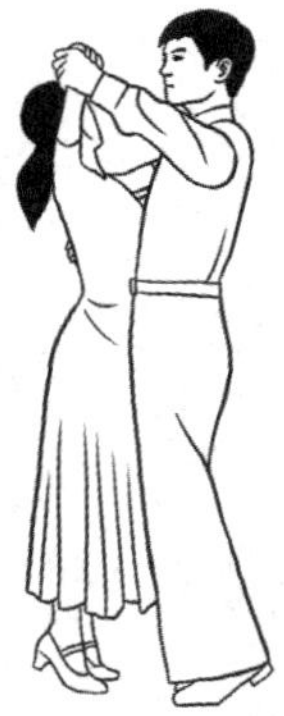
图5-2-18

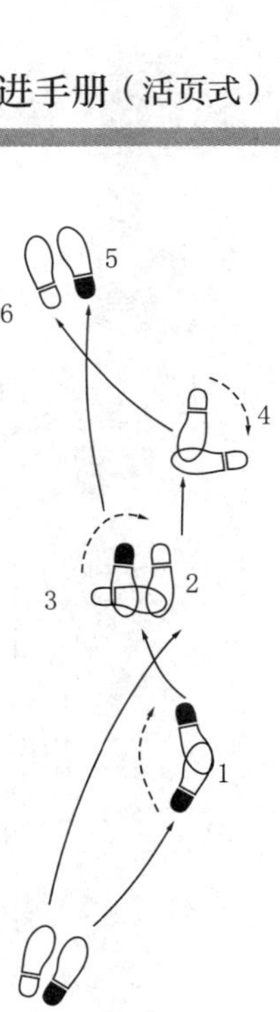

图5-2-19

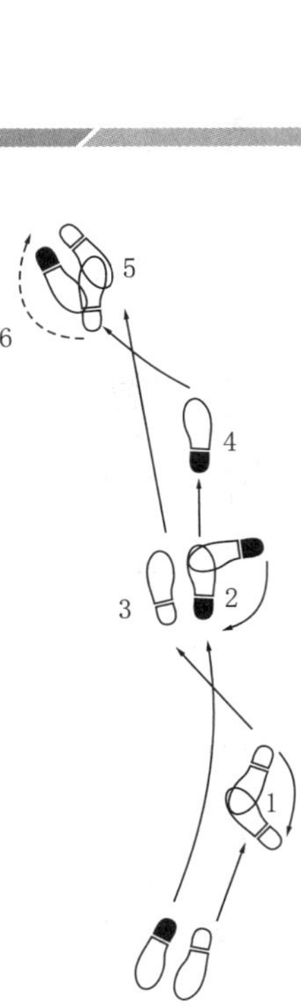

图5-2-20

图5-2-21

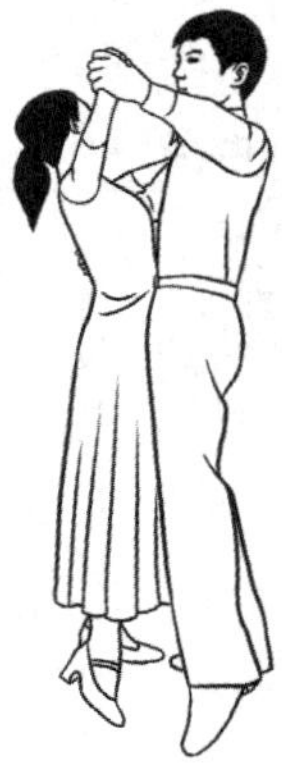
图5-2-22

图5-2-23

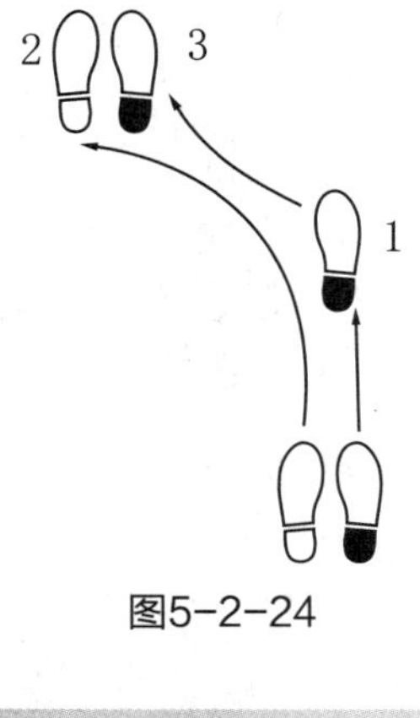

图5-2-24

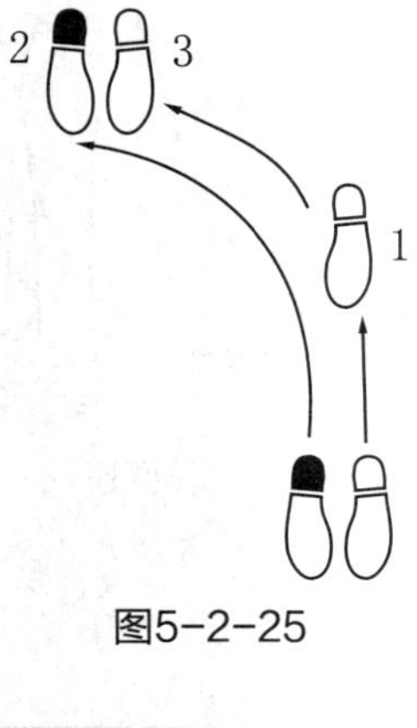

图5-2-25

（4）左转步：开始姿势和结束姿势采用闭式舞姿。1～6步动作及脚迹图示如图5-2-26至图5-2-33所示。

图5-2-26

图5-2-27

图5-2-28

图5-2-29

图5-2-30

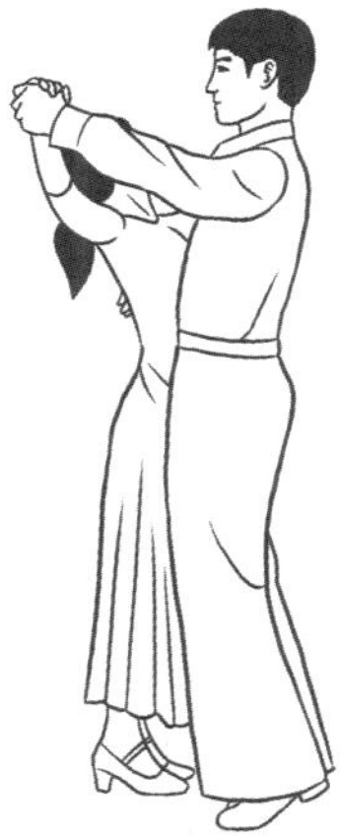
图5-2-31

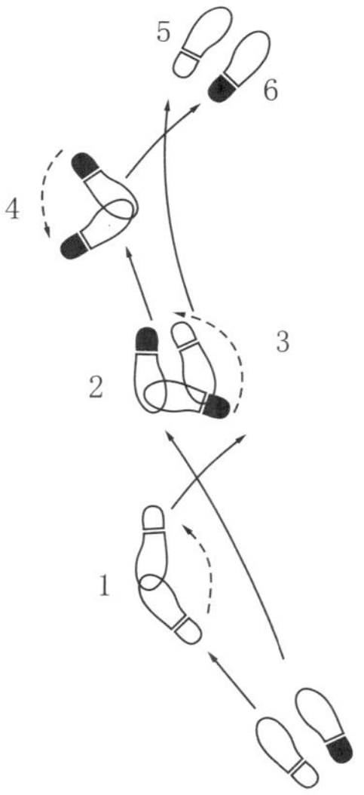

图5-2-32

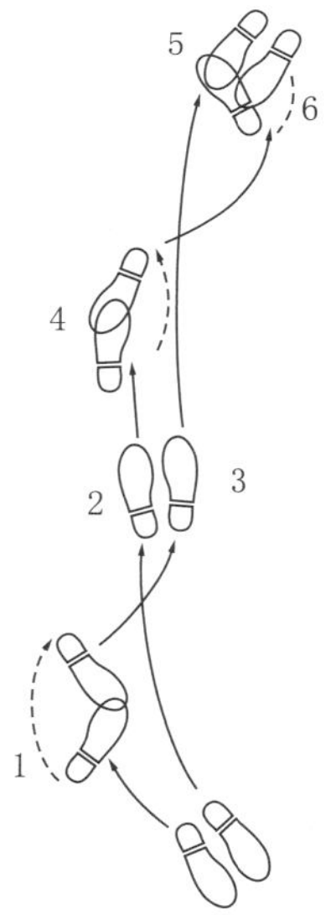

图5-2-33

（5）叉形步：开始姿势采用闭式舞姿，结束姿势采用侧行位舞姿。1～3步动作及脚迹图示如图5-2-34至图5-2-38所示。

（6）侧行追步：开始姿势采用侧行位舞姿，结束姿势采用闭式舞姿。1～4步动作及脚迹图示如图5-2-39至图5-2-44所示。

（7）后退锁步：开始姿势和结束姿势采用闭式舞姿。1～4步动作及脚迹图示如图5-2-45至图5-2-50所示。

图5-2-34

图5-2-35

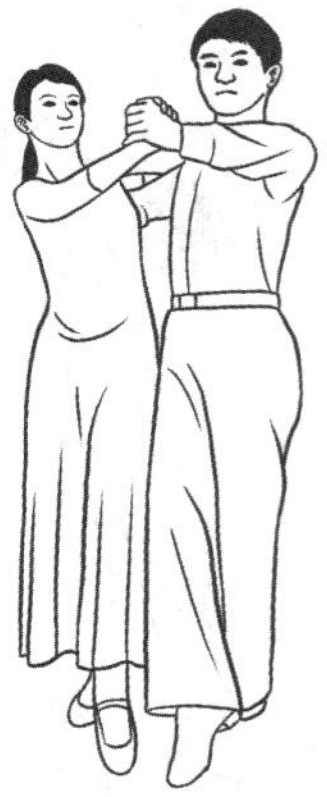
图5-2-36

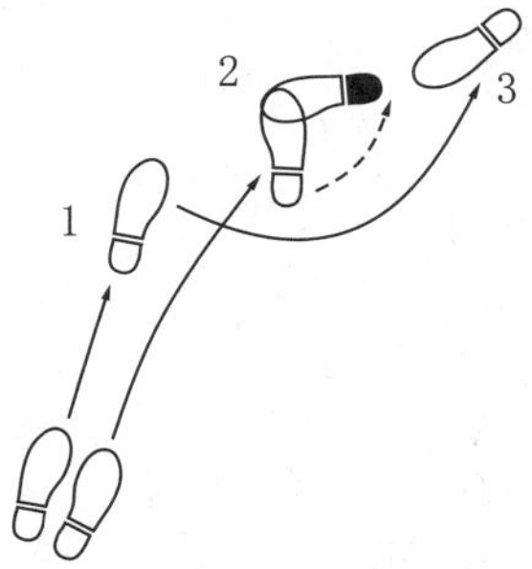

图5-2-37

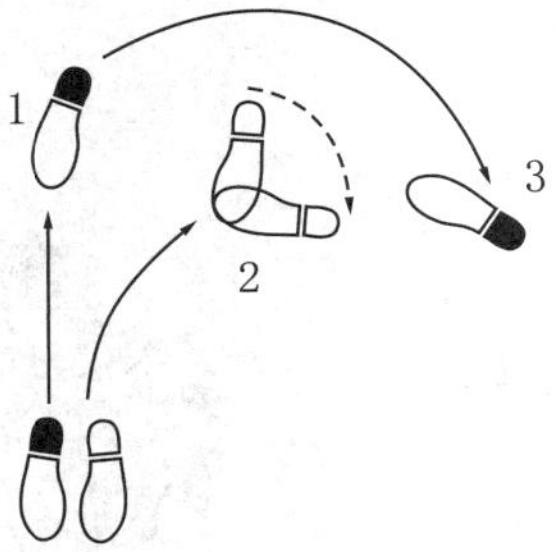

图5-2-38

图5-2-39

图5-2-40

图5-2-41

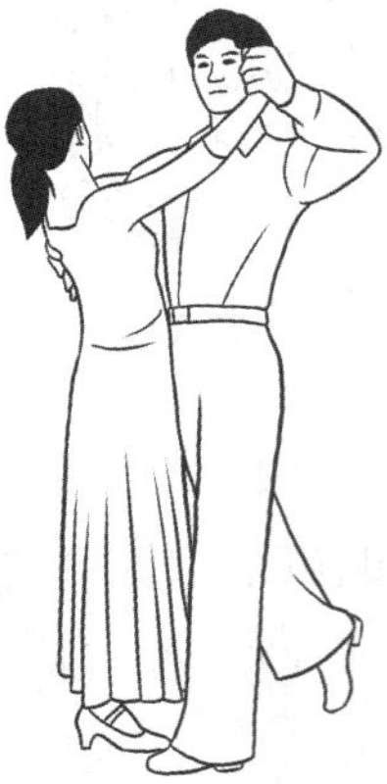
图5-2-42

图5-2-43

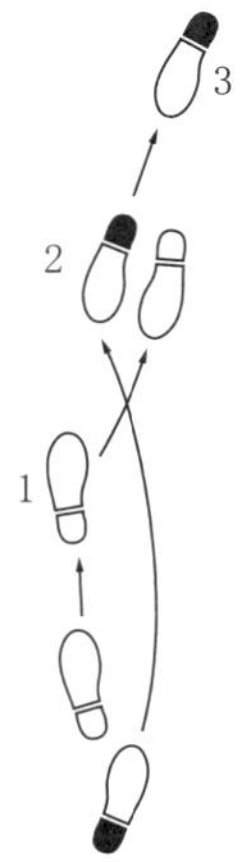

图5-2-44

图5-2-45

图5-2-46

图5-2-47

图5-2-48

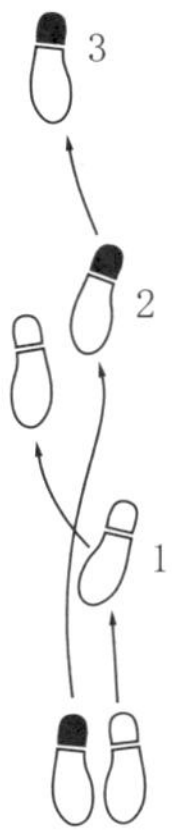

图5-2-49

图5-2-50

（8）后叉形步：开始姿势采用闭式舞姿，结束姿势采用侧行位舞姿。1～3步动作及脚迹图示如图5-2-51至图5-2-55所示。

图5-2-51

图5-2-52

图5-2-53

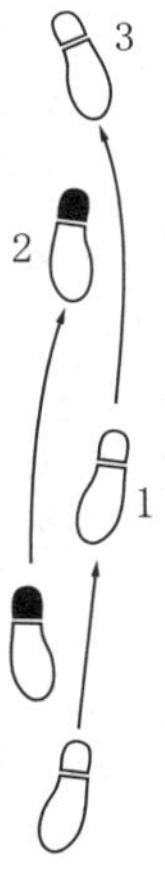

图5-2-54

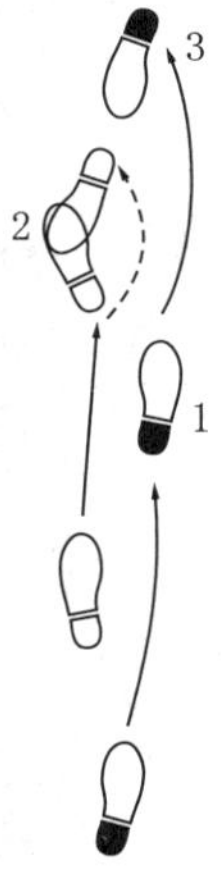

图5-2-55

（9）纺织步：开始姿势采用侧行位舞姿，结束姿势采用闭式舞姿。1～6步动作及脚迹图示如图5-2-56至图5-2-63所示。

（10）右旋转步：开始姿势和结束姿势采用闭式舞姿。1～3步动作及脚迹图示如图5-2-64至图5-2-68所示。

图5-2-56

图5-2-57

图5-2-58

图5-2-59

图5-2-60

图5-2-61

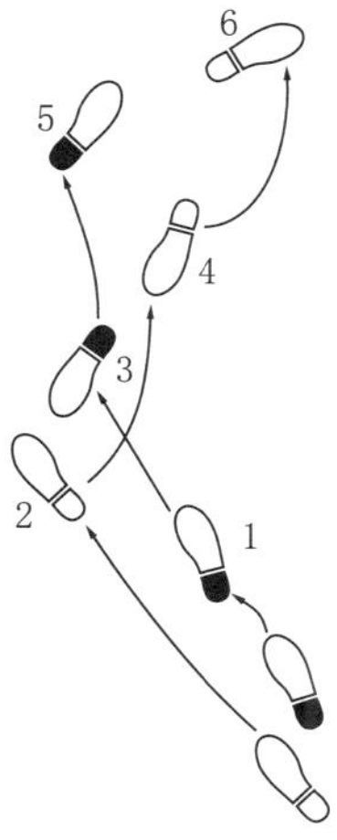

图5-2-62

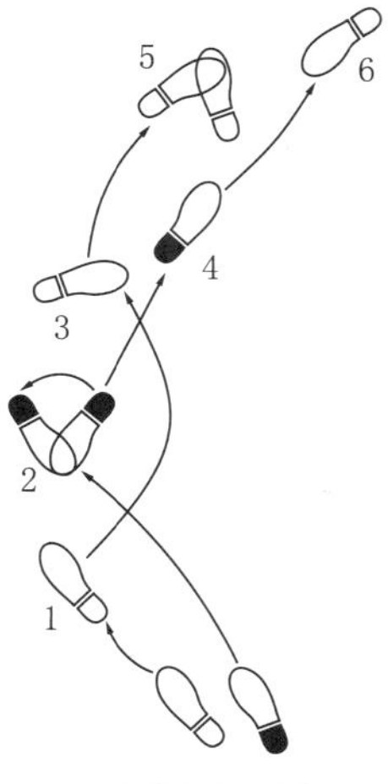

图5-2-63

图5-2-64

图5-2-65

图5-2-66

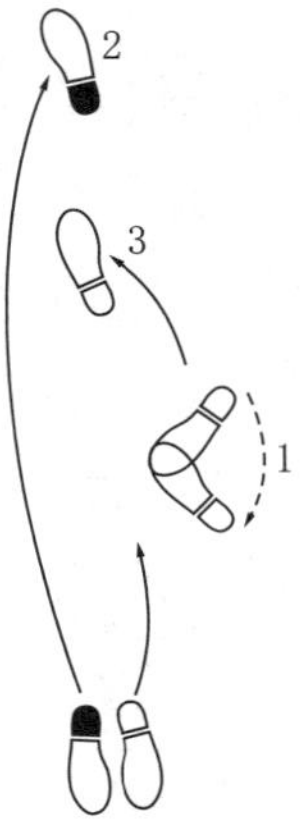

图5-2-67

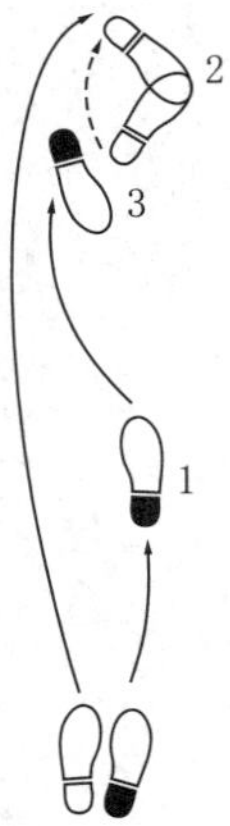

图5-2-68

（二）拉丁舞

拉丁舞，体育舞蹈项群之一。在此介绍其中的三个舞种——伦巴、恰恰、牛仔。

1. 伦巴

伦巴源自古巴，节拍为4/4拍。音乐速度：25～27小节/分钟。伦巴基本步法介绍如下。

（1）原地换重心。

准备位置：开始时，小“八”字位站立，重心放在左脚上，右脚脚尖的内缘压地，身体保持直立，保持肩的稳定和身体的对抗。

练习过程：

①右脚脚跟落地，重心移至右脚。

②左腿膝关节向前屈，右腿膝关节向后伸，同时胯向右打开。

③重心移至左脚，保持右胯打开，右脚脚跟抬起，两腿伸直。

④动作同①～③，方向相反。

（2）移动。

准备位置：开始时，小“八”字位站立，重心放在左脚上，右膝弯曲，右脚脚尖的内缘压地，两脚脚踝内侧贴紧，身体保持直立，两手在身体两侧自然下垂。

练习过程：

①出脚：当左脚发力铲出向右移动身体重心时，右脚快速向右出脚并使重心落在右脚上。

②推重心：左腿继续发力，重心移至右腿，同时左腿大腿转开。

③移动重心收脚：移动重心时，转动右腿带动左腿收回，右腿始终保持收紧状态，左脚脚尖的内缘压地收回。

④动作同①～③，方向相反。

⑤手位：原地移动重心时保持正常手位，出脚时手位不变，移动重心时手打开（注意：在脚下动作完成好的基础上加手位）。

（3）前进后退走步。

准备位置：开始时，左脚在后，重心放在左脚上，右脚在前，右脚脚尖的内缘压地（两腿伸直）。

练习过程：

①收脚：通过右膝稍弯的状态移动右脚向后，收右脚向后移动重心。

②转换重心：右胯轻微转动使得身体重心继续后移，右脚推重心到左脚。

③收脚前进：以右膝稍弯的状态移动右脚向前。右脚脚尖的内缘压地向前移动一步，重心落在两脚之间，左脚半脚掌撑地，两腿伸直，大腿内侧夹紧（注意：为保持最大的步幅，右脚脚尖外转呈“八”字形）。

④重心转移：当前进舞步后接“重心式转移”时可使用“截止式前进走步”，左膝稍弯，收脚向前移动一步，右腿膝关节弯曲并向前腿膝关节靠拢，但不需要脚尖继续外转（维持外“八”字形）。结束时，右脚前脚掌压地，左脚脚尖压地推重心过渡到右脚；

⑤收脚后退重心：左腿在前，右腿在后（重心在右脚上），保持左脚在身体的前方，脚跟离地，脚尖压地，左腿稍弯曲，左脚向后，左脚尖的内缘压地向后移动一步，重心在左脚上，右脚尖压地，两腿伸直，大腿内侧夹紧（注意：为保持最大的步幅，左脚尖外转呈“八”字形）。

⑥重复练习动作①～⑤。

（4）方形步。

准备位置：开始时，重心放在左脚上，右脚向旁打开，绷脚背并压地。

练习过程：

①收脚后退重心：左腿及同侧身体推重心移动，带动右腿收脚，经过左脚脚踝并向后退一步，重心落在右脚上。

②转换重心：右胯轻微转动使得身体重心继续后移，重心移至左脚。

③收脚向前旁打开：右膝稍弯曲，右脚收脚经过左脚脚踝向旁打开，重心在右脚上。

④重心转移：当前进舞步后接“重心式转移”时可使用“截止式前进走步”，左膝稍弯曲，收脚向前移动一步，右膝弯曲并向前腿膝关节靠拢，但不需要脚尖继续外转（维持外“八”字形）。结束时右脚前脚掌压地，左脚脚尖压地，重心过渡到右脚。

⑤收脚向后旁打开：左膝稍弯曲，左脚收脚经过右脚脚踝向旁打开，重心在左脚上。

⑥重复练习动作①~⑤。

（5）库克拉恰。

准备位置：开始时，小“八”字位站立，重心放在左脚上，右膝弯曲，右脚脚尖的内缘压地，两脚脚踝内侧贴紧，身体保持直立，两手在身体两侧自然下垂。

练习过程：

①出脚：当向右出脚时，重心左七右三，保持两腿伸直。

②推重心：移动重心至右脚前脚掌，向左转胯。

③转胯放重心：胯部跟随右腿向后转（绕“八”字）。

④推重心：重心移至左脚，右脚脚尖压地。

⑤收脚放重心：左腿旋转带动右腿收回，右腿膝关节伸直，接一次律动，重心移至右腿，左膝弯曲。

⑥同动作①~⑤，方向相反。

2. 恰恰

恰恰源自墨西哥，节拍为4/4拍。音乐速度：30小节/分钟。恰恰基本步法介绍如下。

（1）原地移动重心。

准备位置：小“八”字位站立，重心放在左脚上，右脚脚尖的内缘压地，身体保持直立，大腿内侧收紧，膝关节自然向前，两臂有力地撑在身体两侧（2点钟、8点钟方向），手肘架起来，肩下沉，手心向下。

练习过程：

①移动重心时，动力腿大腿内侧向后转，膝关节快速伸直，一拍到位。

②每次移动重心时，向后且向下用力，主力腿变为动力腿，脚掌内侧有力地压地，不能松（不可搓地，始终保持小“八”字位）。

③保持身体形态，控制肩和手臂的动作。

（2）横追步。

准备位置：开始时，大“八”字位站立，重心放在左脚上，右膝伸直，右脚脚尖在侧面点地，绷脚背，两臂有力地撑在身体两侧（2点钟、8点钟方向），手肘架起来，肩下沉，手心向下。

练习过程：

①原地移动重心：左腿及同侧身体将右腿快速带回，左右移动重心。

②向右追步：右脚向旁出一小步，膝关节伸直；左脚靠近右脚（或并拢脚），膝关节微屈；右脚向右侧移动，膝关节伸直，胯左转。

③原地换重心：右腿及同侧身体将左腿快速带回，右左移动重心。

④向左追步：左脚向旁出一小步，膝关节伸直；右脚靠近左脚（或并拢脚），膝关节微屈；左脚向左侧移动，膝关节伸直，胯右转。

（3）前进后退锁步。

准备位置：开始时，左脚在后，重心放在左脚上，右脚在前，右脚脚尖的内缘压地（两腿伸直）。

练习过程：

①收脚：右膝弯曲，右脚向后移动，收右脚，重心后移。

②移动重心：右胯轻微转动使得身体重心继续后移，重心移至左脚。

③前进锁步追步：右脚向前出一小步，右膝伸直；左脚靠近右脚并锁步在右脚后面（古巴交叉步），胯部在中间；右脚向前（稍靠右），膝关节伸直。

④截止步：左脚经过右脚脚踝做截止步动作，重心在左腿上，左膝伸直，右膝弯曲，右脚脚跟向里靠拢。

⑤后退锁步追步：左腿后退一小步，脚尖外转，左膝微屈；右脚放在左脚前面（古巴交叉步）；左脚后退（稍靠左），膝关节伸直。

（4）方形步。

准备位置：开始时，大“八”字位站立，重心放在左脚上，右膝伸直，右脚脚尖在侧面点地，绷脚背，两臂有力地撑在身体两侧（2点钟、8点钟方向），手肘架起来，肩下沉，手心向下。

练习过程：

①收脚后退重心：收右腿经过左腿后退一小步，左脚推地，右膝快速伸直；

②推重心：重心移至右脚，然后借助右脚力量将重心前移，同时左脚力量集中在脚踝内侧，保持脚尖外开，右膝伸直。

③向右追步：右腿收脚前进经过左脚脚踝，右脚向旁出一小步，膝关节伸直；左脚靠近右脚（或并拢脚），膝关节微屈；右脚向右侧移动，膝关节伸直，胯左转。

④截止步：左脚经过右脚脚踝做截止步动作，重心放在左腿上，左膝伸直，右膝弯曲，右脚脚跟向里靠拢。

⑤回重心：重心移至右腿。

⑤向左追步：左腿收脚后退经过右脚脚踝，左脚向旁出一小步，膝关节伸直；右脚靠近左脚（或并拢脚），膝关节微屈；左脚向左侧移动，膝关节伸直，胯右转。

（5）肩对肩。

准备位置：重心放在左脚上，右脚脚尖在外侧点地，两手距离与肩同宽，前臂平行于地面，在身体正前方准备（女士手心向下，男士手心向上）。

练习过程：

①斜转身：右脚脚尖点地，大腿内侧夹紧旋转，左手不动，右手移至胯上方。

②斜后退：右腿后退时膝关节不能弯，同时转胯，身体保持垂直。

③放重心：右胯随身体打开，左脚脚踝撑地，不要放松。

④推重心：左脚落地（保持左脚“八”字打开），重心移至左脚。

⑤向旁追步：右脚收脚向旁经过左脚脚踝，向右边移动重心做旁追步。

⑥动作同①～⑤，方向相反。

3. 牛仔

牛仔源自美国，节拍为4/4拍。音乐速度：约为168拍/分钟。牛仔基本步法介绍如下。

（1）弹动。

准备位置：开始时，小“八”字位站立，身体保持直立。

练习过程：膝关节放松，脚踝有力地支撑（弹性），全程重心都在脚掌上。

（2）吸腿。

准备位置：开始时，小“八”字位站立，身体保持直立（脚尖距离更小，接近正步位）。

练习过程：

①中段收紧，主力腿的弹动带动动力腿吸腿，随后动力腿大腿吸腿，绷脚后跟。

②a拍吸腿。

③脚掌快速落地（主力腿膝关节自然伸直）。

④从脚掌过渡到脚跟压地。

⑤弹动向上吸。

（3）旁追步。

准备位置：开始时，重心放在左脚上，右脚内缘轻压地，膝关节弯曲、内扣。

练习过程：

①向右追步：当向右做追步时，a拍做吸腿动作，数拍做追步向旁移动（注意：第一步小，第二步大）。

②向左追步：当向左做追步时，a拍做吸腿动作，数拍做追步向旁移动（注意：第一步小，第二步大）。

（4）并退摇摆步。

准备位置：开始时，重心放在左脚上，右脚内缘轻压地，膝关节弯曲、内扣。

练习过程：

①a1：当右脚向上吸腿时，右脚收脚经过左脚脚踝，向后踩直，完成跨步摆荡动作，重心在右脚上，左脚脚尖压地，脚跟离地。

②a2：右脚经过脚踝向旁，踩直完成跨步摆荡推重心到左脚（向2点钟方向出脚）。

③3a4：基本步法，脚下踩直，做旁追步(向右）。

④5a6：基本步法，脚下踩直，做旁追步(向左）。

⑤动作同①~④，方向相反。

（5）左至右、右至左换向追步。

准备位置：开始时，重心放在左脚上，右脚内缘轻压地，膝关节弯曲、内扣。

练习过程：

①a1：当右脚向上吸腿时，右脚收脚经过左脚脚踝，向后踩直，完成跨步摆荡动作，重心在右脚上，左脚脚尖压地，脚跟离地。

②a2：右脚经过脚踝向旁，踩直，完成跨步摆荡，重心移至左脚（向2点钟方向出脚）。

③3a4：基本步法，脚下踩直，做旁追步(向右），4拍后面a拍转动完毕回到闭式位。

④5a6：反身发力，向后转方向，基本步法，脚下踩直，做旁追步（向右）。

⑤动作同①~④，方向相反。

（6）美式旋转。

准备位置：开始时，重心放在左脚上，右脚内缘轻压地，膝关节弯曲、内扣。

练习过程：

① a1：当右脚向上吸腿时，右脚收脚经过左脚脚踝，向后踩直，完成跨步摆荡动作，重心在右脚上，左脚脚尖压地，脚跟离地。

② a2：右脚经过脚踝向旁，踩直，完成跨步摆荡，重心移至左脚。

③ 3a4：基本步法，脚下踩直，在接下来的旋转过程中往右后方旋转；

④ 5a6完成基本的摆荡步法。

（7）弹踢步。

准备位置：开始时，小“八”字位站立，身体保持直立，膝关节放松，随着音乐节奏做弹动预备动作。

练习过程：脚背绷直，小腿踢出，膝关节固定，小腿迅速弹回，可向前踢出，也可向内侧踢出，可左右腿交换弹踢，也可以单腿做快速弹踢步，然后换另外一条腿。

思政小课堂

体育舞蹈是集音乐、体育、审美于一体的艺术活动，其人文内涵、舞美、音乐美和艺术美对大学生的气质、形象、艺术素养的提高具有良好作用。体育舞蹈训练和比赛有助于培养大学生吃苦耐劳、持之以恒、精益求精、积极进取、尊重规则的优良品质。

任务考核与自评

华尔兹的基本步法

姓名：	院（系）：	学号：	日期：
华尔兹的基本步法：			
得分：			
体育教师签字：			日期：

任务三　瑜伽

一、瑜伽概述

（一）瑜伽的起源与发展

瑜伽起源于印度，“瑜伽”一词来自印度古代梵文，是“yoga”的译音。在中国，越来越多的人从了解瑜伽、喜爱瑜伽，到参与瑜伽锻炼，并把瑜伽锻炼作为生活的一部分，这部分人群以中青年女性为主。同时，瑜伽正走进高校课堂，逐步成为大学生喜爱的体育锻炼项目之一。

（二）瑜伽的流派

瑜伽有许多不同的流派，正统的印度古典瑜伽包括智瑜伽、业瑜伽、奉爱瑜伽、哈他瑜伽和王瑜伽五大类。

（1）智瑜伽，又称吉纳瑜伽，为起悟之道。它认为知识有低等和高等之别，寻常人所说的知识仅仅局限于生命和物质的外在表现，这种低等知识可以通过直接或间接的途径获得，提倡培养知识理念。

（2）业瑜伽，又称实践瑜伽，为静心之道。它倡导内心修行，充分利用强健的身体去工作，无私地、不求回报地服务众生，更加完善自己的行为。

（3）奉爱瑜伽，又称巴克提瑜伽，为爱心之道。它是将前两者综合并衍生发展而来的，倡导通过情绪的培养，得知真理的本质为爱。

（4）哈他瑜伽，又称科托瑜伽，为强身之道。它注重生理，是身体洁净、呼吸和各种体格锻炼方法的体系。

（5）王瑜伽，又称八支分法瑜伽，为冥想之道。它偏于意念和调息，倡导的是瑜伽的八支分法，即禁制、遵行、坐法、调息、制感、内醒、静虑、三摩地。

现代流行的各种瑜伽流派主要都是在哈他瑜伽的基础上创新演变而来的，主要有艾扬格瑜伽、热瑜伽、综合瑜伽、流瑜伽等。

二、瑜伽呼吸

（一）胸式呼吸

吸气时，肋骨慢慢向外扩张，胸廓张开，将新鲜空气通过呼吸道吸入肺部。当吸气量加深时，腹部向内收紧，将吸入的气集中到胸腔里。呼气时，肋骨收紧，胸廓还原，慢慢将肺内的浊气呼出体外。

（二）腹式呼吸

吸气时，胸廓保持不变，腹部肌肉放松，向外扩张，随着吸气量的加深，膈肌下降，腹内脏器下移，小腹慢慢鼓起。呼气时，腹部收紧，膈肌升起，把肺内浊气完全排出，内脏器官恢复原位。仰卧姿势、俯卧姿势的练习，可多采用腹式呼吸。

（三）混合式呼吸

混合式呼吸是胸式呼吸和腹式呼吸结合在一起的自然呼吸。吸气时，由腹式呼吸过渡到胸式呼吸。呼气时，按相反的顺序，先放松胸廓，然后放松腹部，慢慢呼出浊气。大部分瑜伽练习使用混合式呼吸。

瑜伽的呼吸贯穿整个练习，呼吸自由顺畅最重要。动作开始时调整好呼吸的节奏，动作过程中呼吸自如。结束时深呼吸，调整心率至平缓。

三、瑜伽冥想姿势

（一）简易坐

图5-3-1

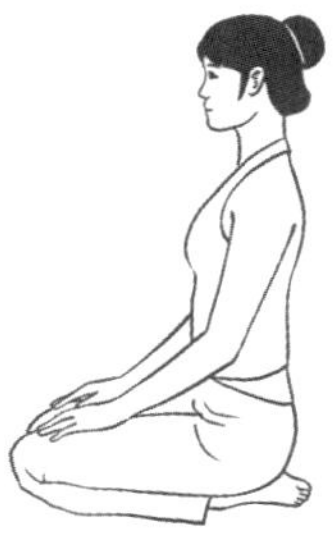

图5-3-2

方法：坐下，两腿前伸。左脚压在右腿下方或右腿压在左腿下方。挺直脊柱，紧收下颌。（图5-3-1）

（二）金刚坐

方法：两膝跪地靠拢，两脚紧靠，使两脚跟向外指，臀部坐在两脚跟之间。挺直脊柱，紧收下颌。（图5-3-2）

（三）半莲花坐

方法：坐下，两腿前伸。屈左腿，左脚跟顶紧右大腿内侧。屈右腿，把右脚放在左大腿腹股沟处。挺直脊柱，紧收下颌。（图5-3-3）

（四）莲花坐

方法：坐下，两腿前伸。屈右腿，放在左腿腹股沟处。扳过右小腿，把脚放在右腿腹股沟上方，两脚掌朝天。挺直脊柱，紧收下颌。（图5–3–4）

图5–3–3

图5–3–4

四、初学者瑜伽姿势

（一）下犬式

方法：俯卧，两手放于胸部两侧。两脚分开，与髋同宽，脚跟踩下触地。吸气延展脊柱，手脚位置不动。呼气，手推，骨盆后移，躯干抬起，身体呈三角形。保持3～5组呼吸。（图5–3–5）

（二）三角伸展式

方法：取站立式，两腿分开，比肩宽，两臂向两侧平伸，与地面平行。呼气时，腰左侧弯，弯腰过程中要保持两臂与躯干成直角。左手扶脚或小腿，右臂上展。吸气，身体向上直立。呼气，放下两臂，身体还原。（图5–3–6、图5–3–7）

图5–3–5

图5–3–6

图5–3–7

（三）侧角伸展式

方法：取三角基本式站立，右脚尖转向右侧，吸气。呼气时，弯曲右膝，上体缓缓向右侧弯曲，右手在脚外侧扶地，左臂向上伸直。左臂尽量向侧平伸，同左侧腰、髋形成一条直线。（图5–3–8至图5–3–10）

图5-3-8

图5-3-9

图5-3-10

图5-3-11

（四）蹲式

方法：两腿开立，两脚间距60厘米，两手五指体前交叉，挺直腰背。呼气时，身体慢慢下蹲，臀部距离地面约30厘米。下蹲时膝关节应指向两侧，打开髋部。吸气，直立还原。呼气时，再慢慢下蹲至两大腿与地面平行。吸气，直立还原。再次呼气，完全下蹲到自己的极限，吸气，直立还原。（图5-3-11至图5-3-14）

图5-3-12

图5-3-13

图5-3-14

（五）猫弓背式

方法：跪坐。吸气时，抬起臀部，两手撑地，肩部放平。吸气时，收紧背肌，腰腹部下沉，翘起臀部，抬头后仰。呼气时，收缩腹肌，含胸拱背，低头，下巴尽量靠近胸骨。（图5-3-15至图5-3-17）

图5-3-15

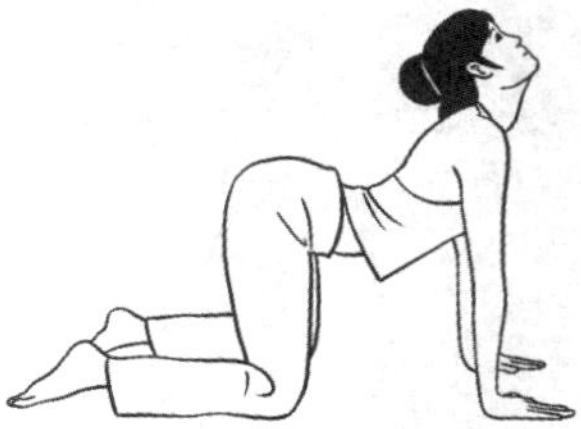
图5-3-16

图5-3-17

（六）虎式

方法：身体成猫弓背基本式姿势。吸气，右腿缓慢向上抬起至最高点，头部后仰。呼气时，颈部放松头部回收，拱起背部，紧缩腹部，右腿落下屈起，下颌触膝。（图5-3-18至图5-3-20）

图5-3-18

图5-3-19

图5-3-20

（七）骆驼式

方法：跪在地上，两小腿略分开，两手叉腰。吸气时，身体慢慢后仰。呼气，两手扶脚跟，颈部放松后仰，髋部前送，脊柱向前推，尽量让大腿同地面垂直。（图5-3-21、图5-3-22）

图5-3-21

图5-3-22

（八）鸽王式

方法：屈右膝，左腿向后伸直，左腿屈膝向上，用左肘揽住。左手和右手体前相扣，两臂保持相扣的环状向头后伸去，吸气。呼气时，头向右侧转，挺胸，收紧侧腰肌，保持正常呼吸。（图5-3-23至图5-3-25）

图5-3-23

图5-3-24

图5-3-25

思政小课堂

瑜伽有很多动静结合的体式，如站、坐、跪、卧、倒立等。在从易到难练习瑜伽体式的过程中，练习者的身体将不可避免地承受疼痛，如韧带拉伸的紧绷感、肌肉受压的酸胀感。此外，练习进入瓶颈期后，练习者可能需承受较长时间没有进步的沮丧感、挫败感等。当通过坚持不懈地练习达到理想状态后，练习者将从进步中获得巨大的成就感、满足感和喜悦感。练习瑜伽，有助于培养大学生勇于挑战自我、不畏困难、积极进取的精神，锤炼大学生迎难而上和坚持不懈的意志品质。

任务考核与自评

瑜伽练习的注意事项

姓名：	院（系）：	学号：	日期：
瑜伽练习的注意事项：			
得分：			
体育教师签字：			日期：

任务四 跳绳

一、跳绳概述

（一）跳绳的起源与发展

跳绳在中国具有悠久的历史，南宋时已有逢佳节跳绳的活动。清朝人潘荣陛在《帝京岁时纪胜》中记录清朝元宵节民间娱乐活动时，称跳绳为“跳白索”。《松风阁诗帖》中有诗记载：“白光如轮舞索童，一童舞索一童唱，一童跳入光轮中。”这种加伴唱的跳绳游戏娱乐性很强。17世纪初，荷兰船队途经中国时，荷兰人看到中国孩子玩的跳绳游戏感到非常有趣，他们竞相模仿，“跳白索”便随着荷兰船队漂洋过海，传播到海外。跳绳在不断的演变和创新中得到了发展，现今的跳绳克服了传统跳绳的局限性，融合了健身操、舞蹈、音乐、杂技等技术动作，注入了时尚元素，更具吸引力。目前，跳绳已成为大众非常喜爱的融健身、竞技、休闲娱乐为一体的体育运动项目。

（二）跳绳的特点与功能

（1）跳绳的特点：简单易行，花样繁多，安全性高。

（2）跳绳的功能：改善身体机能，提高身体素质，具有休闲娱乐价值和较好的社会性。

二、跳绳基本动作

跳绳是借助绳具，在摇绳动作和跳绳动作配合下完成的。常见绳有尼龙绳、塑料绳、竹节绳、钢丝绳等。其中，竹节绳容易摇动且不易打结，是跳绳初学者的首选绳具。在选择适合自己的绳长时，用单脚前脚掌踩绳体中部，两手向上提拉，绳头相对处于胸部下沿为宜。在跳绳训练中后期，由于各种抛绳、多摇、交叉等动作的出现，为了更好地完成动作，跳绳者逐渐开始使用速度更快的钢丝绳，绳体的长度也可适当缩短。

根据绳子的长短，跳绳可以分为跳长绳和跳短绳。根据技术的特点和动作结构，跳绳可分为个人花样跳、朋友跳、车轮跳、交互绳跳等。练习跳绳之前首先应该掌握握绳、量绳和摇绳的动作，为更好地学习跳绳打下良好的基础。

（一）单人单绳

1. 正摇双脚跳

在基本摇绳姿势的基础上，两手持手柄向前向后摇动，当绳体接触地面时，两脚并拢跳过绳，绳子绕过身体一周，一摇一跳的动作即为正摇双脚跳。（图5–4–1）

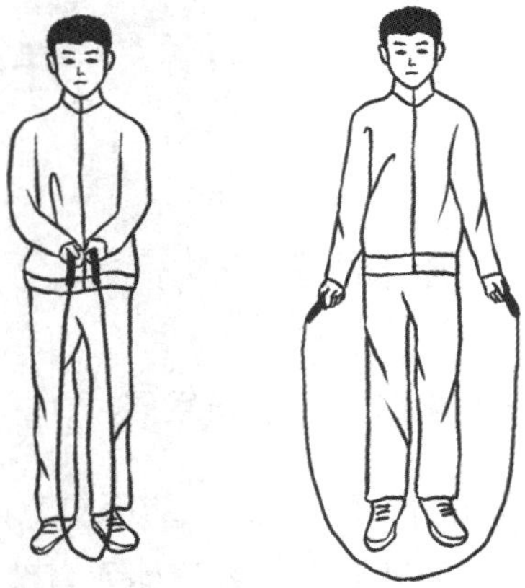

图5–4–1

动作要领：

（1）手臂保持基本摇绳的姿势，控制摇绳节奏。

（2）两脚并拢向上跳，落地向下只需前脚掌着地。

（3）绳子触地就向上跳一次。

动作熟练后，可改变两脚位置、行进间跳、换方向跳、双摇或多摇跳等。

2. 单脚交换跳

在基本摇绳姿势的基础上，绳子过脚的同时，先抬起一只脚跳过绳子，放下抬起另一只脚跳过，两脚交替落地的动作即为单脚交换跳。（图5–4–2）

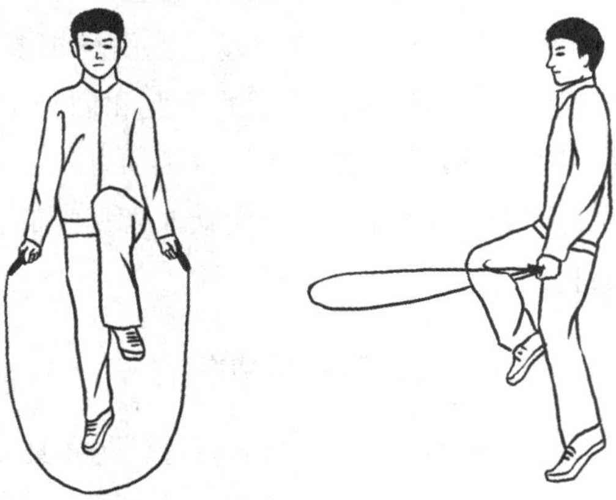

图5–4–2

动作要领：

（1）手臂保持基本摇绳的姿势，控制摇绳节奏。

（2）抬脚时脚尖下压，并且脚尖与地面的距离不得超过10厘米，着地时前脚掌着地。

（3）单脚交换跳时，绳子过脚再抬脚交替跳。以右脚落地算1个为例，50个为一组，间歇进行练习。

变形动作：跨跳、跑跳、速度跳、交叉跳等。

3. 开合跳

在基本摇绳姿势的基础上，两手持绳向前摇，当绳子过脚置于空中时，两脚分开，与肩同宽，当绳子触地快过脚时，两脚并拢跳过绳，一拍一动，完成开合

跳。（图5–4–3）

动作要领：

（1）手臂保持基本摇绳的姿势，控制摇绳节奏。

（2）脚步打开时两脚分开，与肩同宽。

（3）脚步开合时，由绳子先过脚再打开，由开到合，先合两脚再过绳。

变形动作：转身跳、变速跳、左右跳。

4. 弓步跳

在基本摇绳姿势的基础上，两手持绳向前摇，当绳子过脚置于空中时，两脚分开成前后弓步，当绳子触地快过脚时，两脚并拢跳过绳，一拍一动，完成弓步跳。（图5–4–4）

图5–4–3

图5–4–4

动作要领：

（1）手臂保持基本摇绳的姿势，控制摇绳节奏。

（2）脚步打开时前一只脚落地，膝关节弯曲30°～60°，后面的脚必须伸直并且脚跟不能着地；两脚的间距在20厘米左右。

（3）脚步成弓步时，由绳子先过脚再打开，由弓步到合，先合两脚再过绳。

变形动作：弓步转身跳、左右弓步跳、点地跳等。

5. 并脚左右跳

在基本摇绳姿势的基础上，当绳子过脚置于空中时，两脚并拢，向左右两边跳。（图5–4–5）一拍一动，左右两边各跳4次，完成并脚左右跳。

动作要领：

（1）手臂保持基本摇绳的姿势，控制步法节奏。

（2）脚步左右跳时间间隔不宜过长，保持与肩同宽最好。左右跳时一直保持并脚。

（3）左右并脚跳时绳子先过脚再落地。

6. 左右钟摆跳

两手持绳向前摇，当绳子过脚置于空中时，一只脚向同一侧摆动，另一只脚直立跃过绳。反之，另一只脚动作。（图5-4-6）一拍一动，左右两边各跳4次，完成左右钟摆跳。

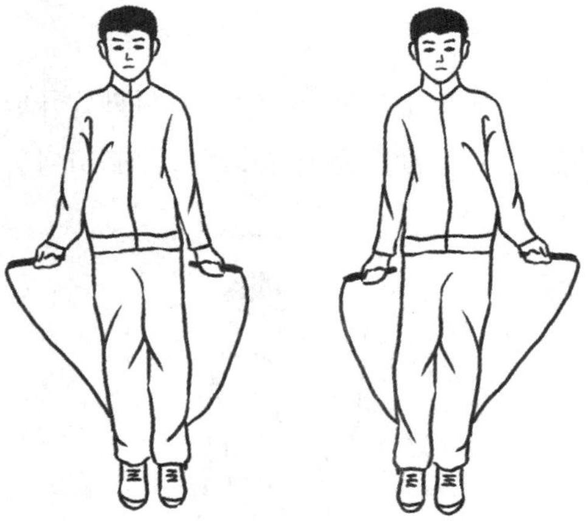

图5-4-5

图5-4-6

动作要领：

（1）手臂保持基本摇绳的姿势，控制摇绳节奏。

（2）当脚步打开时，一只脚落地并跳过绳子，另一只置于空中的脚直立跳过绳。反之为另一只脚动作，一拍一动。

（3）脚步呈钟摆形状时，由绳子先过脚再打开。

（二）双人单绳

双人单绳是指两名跳绳者利用一根绳子，在体侧摇绳的过程中，跳绳者在绳中或绳外完成转体、跳跃、力量等动作，以此展现个人良好的身体素质和高超的绳技。

1. 一带一跳

带人者持绳，两人可面对面站立，也可同向站立，协调配合，绳子同时过两人身体即为完成一次动作。跳绳者可位于带人者体前或体后，可延伸出跳绳者原地转身等花样。（图5-4-7）

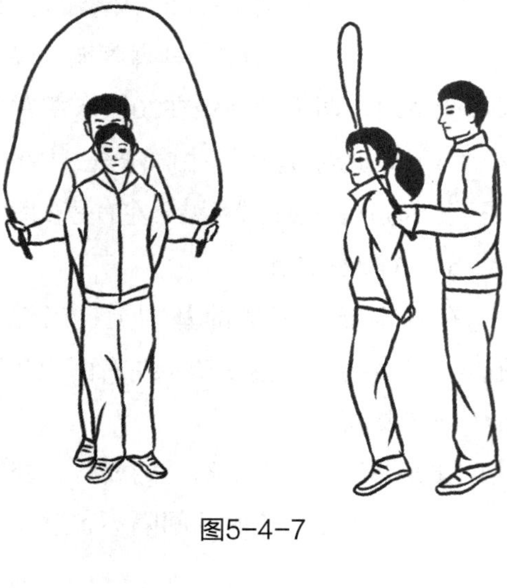

图5-4-7

动作要领：两人节奏一致，相互配合。

2. 双人和谐跳

两名跳绳者各握绳子一端，并排站立，右侧的人右手握绳，左侧的人左手握绳。将绳子置于两人身后，两人同时摇绳，同时过绳。

动作要领：两人摇绳节奏一致，相互配合，起跳一致。

3. 一人内转360°

两名跳绳者各握绳子一端，并排站立，右侧跳绳者进绳跳一次，然后原地向内（左）转体一周，回到进绳之前的位置跳跃过绳；接着左侧的跳绳者重复此动作，两人轮流练习。

动作要领：转身者在向下“送绳”给同伴跳时开始转身，转到180°时手臂上举，回到原位后摇绳给自己跳，转体时保持摇绳节奏不变。

4. 两人内转360°

两名跳绳者各握绳子一端，并排站立，两人把绳子由后向前摇动，同时两人向内转体一周，回到初始位置，转身时绳子在中间打空。

动作要领：两个人动作要同步，特别是转身和摇绳动作；转体后两手随绳子转动的惯性打开，回到初始位置；转体与摇绳节奏一致，不要因为转体而忘记摇绳。

图5-4-8

5. 直摇

两人两手持绳，并排站立，假设左边的人为A，右边的人为B，A、B将内侧手（A的右手与B的左手）持的手柄相互交换，听到指令后两人同时用同侧手（A、B同时出左手或者右手）将置于最后面的绳子向上摇起；当绳子到达最高点时，再将另外一只同侧手的绳子向上摇起，并且两人依次跳过各自一方的绳子。（图5-4-8）

动作要领：

（1）两前臂在体侧依次做圆周运动，并且贴近身体。

（2）在摇绳的过程中两手臂的夹角是180°。

（3）两人在跳的过程中同侧手的动作要一致。

6. 交叉

在直摇的基础上，当绳子摇过头顶后，两人同时将左手（右手）手柄向右（左）

在体前交叉，贴于腹部；当绳子过脚后再同时将右手（左手）手柄向左（右）在体前交叉，贴于左臂（右臂）小臂上；当绳子过脚后，先将左手（右手）手柄翻腕向下跳过，向左（右）打开，再将右手（左手）手稍翻髋向下跳过，向右（左）打开，还原成直摇。（图5–4–9）

图5–4–9

动作要领：

（1）两小臂在体前做交叉时要贴近身体。

（2）交叉时要充分活动手腕。

（3）在跳的过程中始终保持好节奏。

（4）跳的时候要连续跳两次。

跳绳动作较为丰富，学生可以根据自己的训练水平和个人喜好进行选择和合理的创编。除上面介绍的短绳中个人跳绳和双人跳绳之外，学生还可以选择个人力量跳绳、个人多摇跳绳、个人抛接绳、朋友跳、车轮跳、交互绳跳、长绳的各种花样跳等。

任务考核与自评

跳绳的动作要领

姓名：	院（系）：	学号：	日期：
跳绳的动作要领：			
得分：			
体育教师签字：			日期：

项目六

民族传统体育项目

学习任务目标

项目任务

- 任务一
  - （1）了解武术基本知识。
  - （2）掌握24式太极拳和八段锦。
- 任务二
  - （1）了解竹竿舞基本知识。
  - （2）掌握竹竿舞基本技术。
- 任务三
  - 1）了解抛绣球基本知识。
  - 2）掌握抛绣球基本技术。
- 任务四
  - 1）了解板鞋竞速基本知识。
  - 2）掌握板鞋竞速基本动作。
- 任务五
  - ）了解毽球基本知识。
  - 2）掌握毽球基本技术与基
    战术。

任务一　武术

一、武术概述

武术是以技击动作为主要内容，以套路和格斗为运动形式，注重内外兼修的中国传统体育项目。武术在我国有着悠久的历史和广泛的群众基础，它集健身性、技击性和艺术性于一体，是深受人们喜爱的一种体育项目。

（一）武术的起源与发展

武术萌发于中华民族远古时代的生产和生活实践，产生和存在于劳动生产、养生保健和礼教戏乐等社会活动中。它是随着中华民族在各个社会历史阶段政治、经济、思想、文化和艺术等方面不断进步与发展，逐步形成的具有鲜明特色的中国传统体育项目。

（二）武术的特点与作用

武术具有鲜明的民族特色；既有套路演练，又有技击格斗；具有攻防技击性；注重内外合一、形神兼备的练功方法；具有较高的健身、防身和艺术欣赏价值。

（三）武术的内容与分类

1. 拳术

拳术是武术中徒手套路形式的总称，包括长拳、太极拳、南拳、形意拳、八卦掌、通背拳、地躺拳和象形拳等。

2. 对练

对练是两人及两人以上按照固定动作进行攻防的套路练习。对练的主要内容有徒手对练、器械对练、徒手与器械对练。对练时要做到动作熟练、配合协调。

3. 集体演练

集体演练是6人以上进行徒手或持器械的集体表演，要求动作整齐划一，并有一定的队形与队形变化，可以有音乐伴奏。

4. 技击格斗

武术的技击格斗是在一定条件和比赛规则的要求下，以武术技法进行的实际格斗运动。技击格斗的内容有散手、推手、短兵等。

二、武术基本动作

（一）武术基本功

1. 手形

武术手形如图6–1–1所示。

图6–1–1

2. 手法

武术手法如图6–1–2所示。

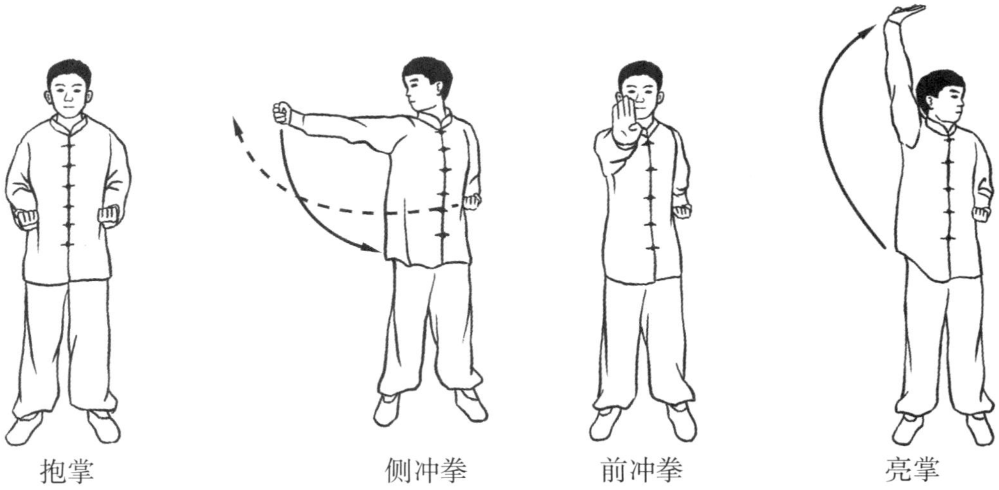

图6–1–2

3. 步形

武术步形如图6–1–3所示。

4. 肩功

武术肩功如图6–1–4所示。

5. 腰功

武术腰功如图6–1–5所示。

弓步

马步

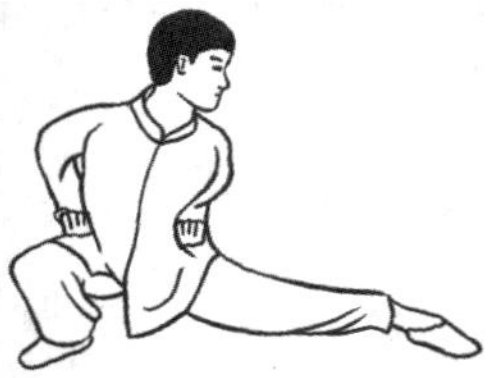

仆步

歇步

虚步

图6-1-3

压肩

推棍转肩

图6-1-4

单肩绕环

图6-1-4（续）

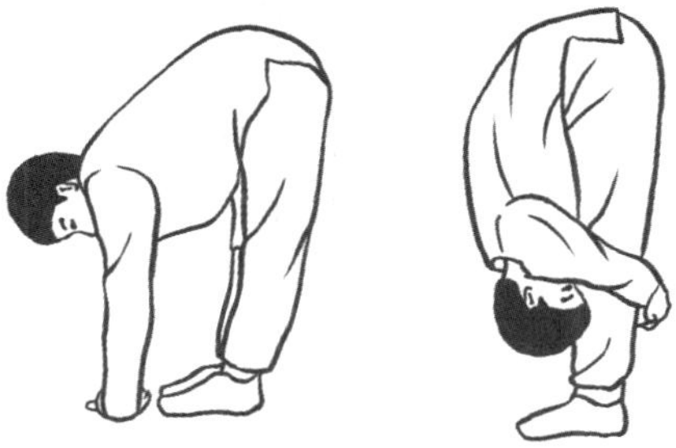

俯腰

甩腰

侧腰

图6-1-5

6. **腿功**

武术腿功如图6-1-6所示。

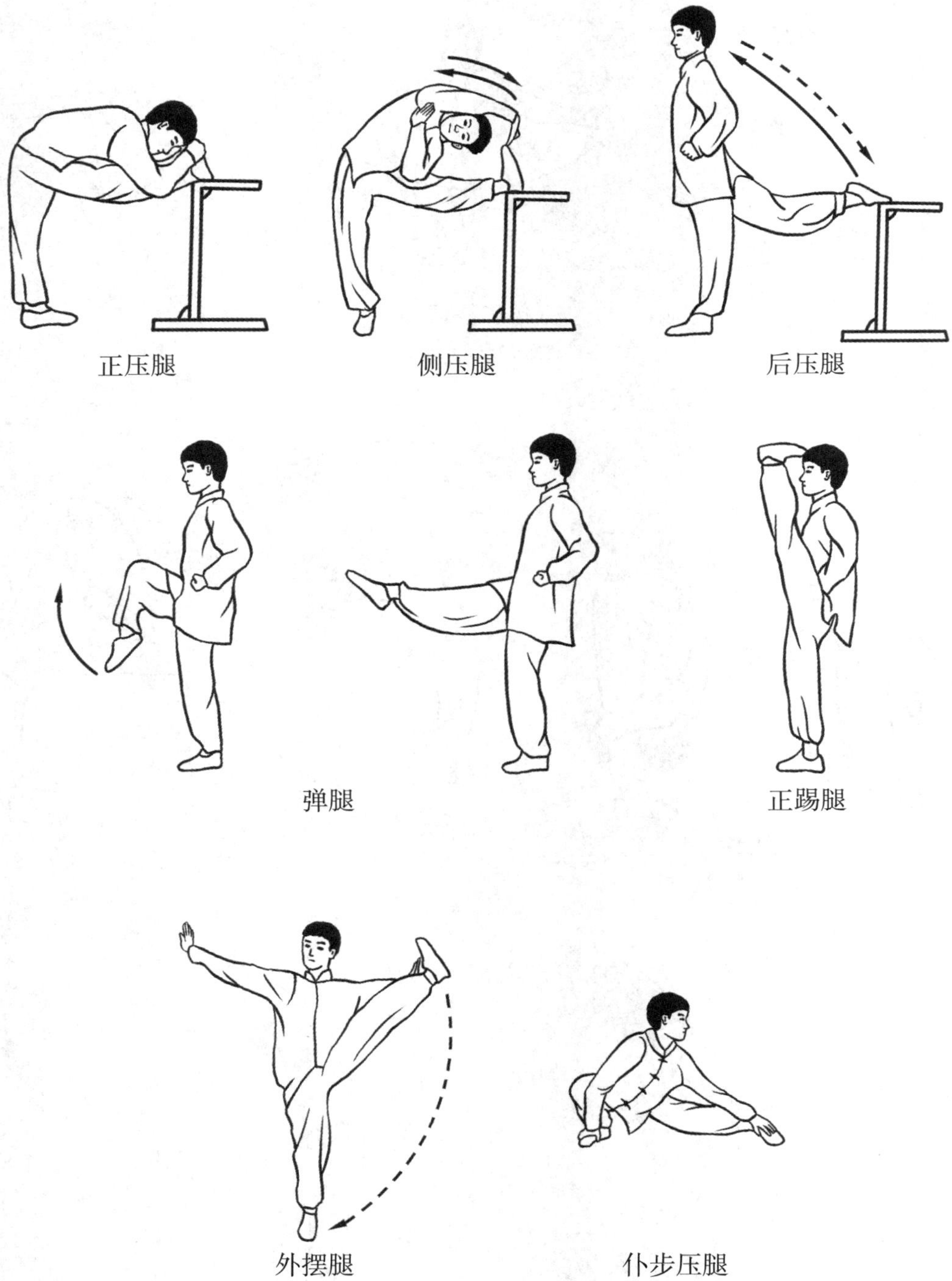

图6-1-6

竖劈叉

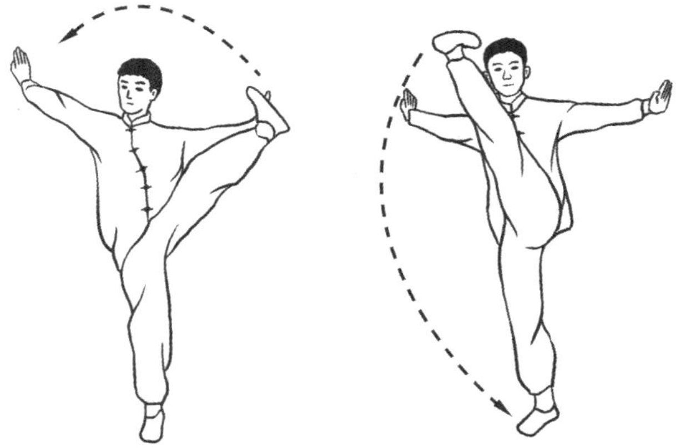

里合腿

横劈叉

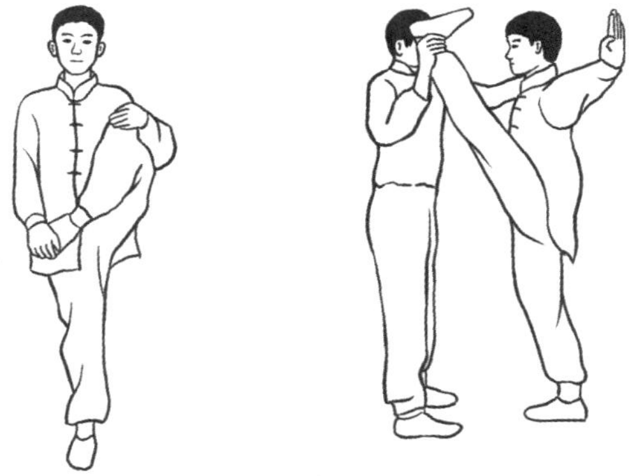

正搬腿

图6-1-6（续）

（二）24式太极拳

24式太极拳是中华人民共和国成立后推行的简易太极拳套路。为了便于在广大群众中推广太极拳，1956年，国家体委（现国家体育总局）在杨式太极拳的基础上，删去繁难和重复的动作，选取了24式，编成了24式太极拳。

24式太极拳动作要点有如下几点：①轻松柔和。太极拳的架式比较“稳舒展”，动作要求不僵不拘，符合人体的生理习惯，没有忽起忽落的明显变化和激烈的跳跃动作。所以，练习一两遍太极拳以后，人会感到身上微微出汗，但不会出现气喘等现象，会感到轻松愉快。因为太极拳具有这个特点，所以，不同年龄、性别和体质的人都可练习太极拳。②连贯均匀。整套太极拳的动作从“起势”到“收势”，不论动作的虚实变化和姿势的过渡转换，都是紧密衔接、前后连贯的，看不出有什么明显停顿的地方。整套动作演练起来速度均匀，前后连贯，好像行云流水，连绵不断。③圆活自然。太极拳的动作不同于其他拳术，它要求上肢动作处处带有弧形，避免直来直往。通过弧形活动进行锻炼，使动作圆活、自然，体现出刚柔相济的特点，使身体各部分得到均匀发展。④协调完整。太极拳不论是整个套路，还是单个动作的姿势，都要求上下相随，内（意念、呼吸）外（躯干、四肢动作）一体，身体各部分之间密切配合。练习太极拳要以腰为轴，上肢和下肢动作都由躯干来带动，并且互相呼应，切忌上下脱节或此动彼不动、呆滞等现象。

1. 起势

（1）身体直立，两脚并拢，脚尖向前，头颈正直，下颌内收，胸腹放松，肩臂松垂，两手轻贴于大腿外侧；精力集中，目视前方，呼吸自然。（图6–1–7）

（2）提左腿开步，与肩同宽。（图6–1–8）

（3）两臂向前慢慢平举，与肩同高、同宽，掌心向下。（图6–1–9）

（4）上体保持正直，两腿屈膝下蹲；同时两掌轻轻下按，两肘下垂，与两膝相对；眼睛平视前方。（图6–1–10）

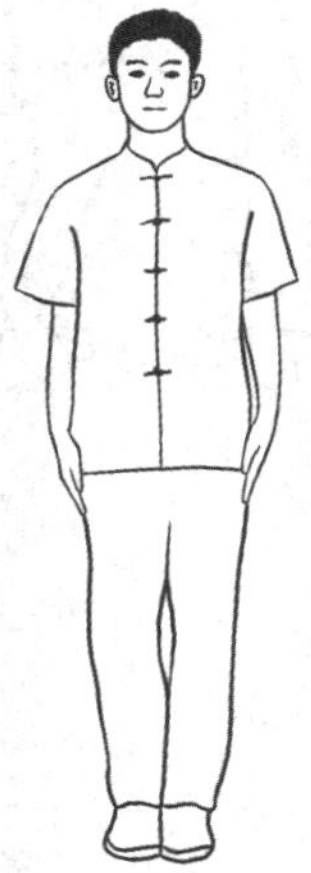

图6–1–7

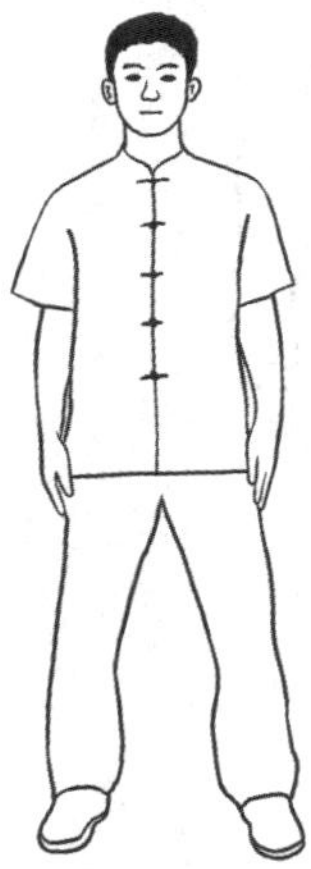

图6–1–8

图6–1–9

图6–1–10

2. 左右野马分鬃

（1）上体微向右转，重心移至右腿；同时右臂收在胸前平屈，手心向下，左手经体前向右下方画弧至右手下，手心向上，两手心相对，呈抱球状；左脚收到右脚内侧，脚尖点地；目视右手。

（2）上体微向左转，左脚向左前方迈出，右脚跟后蹬，右腿自然伸直，成左弓步；同时上体向左转，左右手随转体慢慢分别向左上方、右下方分开，左手高度与眼平（手心斜向上），肘微屈；右手落在右胯旁，肘也微屈，手心向下，指尖向前；目视左手。（图6–1–11）

（3）上体慢慢后坐，身体重心移至右腿，左脚尖翘起，微向外撇，随后脚掌慢慢踏实，左腿慢慢前弓，身体左转，身体重心再移至左腿；同时左手翻转向下，左臂收在胸前平屈，右手向左上方画弧至左手下，两手心相对，呈抱球状；右脚随即收到左脚内侧，脚尖点地；目视左手。

（4）右腿向右前方迈出，左腿自然伸直，成右弓步；同时上体右转，左右手随转体分别慢慢向左下方、右上方分开，右手高与眼平（手心斜向上），肘微屈；左手落在左胯旁，肘微屈，手心向下，指尖向前；目视右手。（图6–1–12）

图6–1–11

图6–1–12

（5）动作同（3），唯左右相反。

（6）动作同（4），唯左右相反。（图6–1–13）

3. 白鹤亮翅

（1）上体微向左转，左手翻掌向下，左臂平屈于胸前，右手向左下方画弧，手心转向上，与左手呈抱球状；目视左手。

（2）右脚跟进半步，上体后坐，身体重心移至右腿，上体先向右转，面向右前方，目视右手；然后左脚稍向前移，脚尖点地，成左虚步；接着上体微向左转，面向前方，两手随转体慢慢向右上方、左下方分开，右手上提，停于右额前，手心向左后方，左手落于左胯前，手心向下，指尖向前；眼睛平视前方。（图6–1–14）

4. 左右搂膝拗步

（1）右手从体前下落，由下向后上画弧，举至右肩外侧，肘微屈，手与耳同高，手心斜向上；左手由左下向上、向右下方画弧至右胸前，手心斜向下，同时上体先微向左再向右转；左脚收至右脚内侧，脚尖点地；目视右手。

（2）上体左转，左脚向前迈出，成左弓步；同时右手屈回，由耳侧向前推出，与鼻尖平，左手向下由左膝前搂过，落于左胯旁，指尖向前；目视右手手指。（图6–1–15）

图6-1-13

图6-1-14

图6-1-15

（3）右腿慢慢屈膝，上体后坐，重心移至右腿，左脚尖翘起微向外撇，随后脚掌慢慢踏实，左腿前弓，身体左转，重心移至左腿，右脚收到左脚内侧，脚尖点地；同时左手向外翻掌，由左后方向上方画弧至左肩外侧，肘微屈，手与耳同高，手心斜向上；右手随转体向上方、向左下方画弧落于左脚前，手心斜向下；目视左手。

（4）动作同（2），唯左右相反。（图6-1-16）

（5）动作同（3），唯左右相反。

（6）动作同（2）。（图6-1-17）。

5. 手挥琵琶

右脚跟进半步，上体后坐，身体重心转至右腿，上体半面向右转，左脚略提起稍向前移，变成左虚步，脚跟着地，脚尖翘起，膝部微屈；同时左手由左下方向上方挑举，与鼻尖平，掌心向右，臂微屈；右手收回至左肘里侧，掌心向左；目视左手食指。（图6-1-18）

图6-1-16

图6-1-17

图6-1-18

6. **左右倒卷肱**

（1）上体右转，右手翻掌，手心向上经腹前由下方向后上方画弧平举，臂微屈，左手随即翻掌向上；眼睛随着向右转体先右视，再转向前方视左手。（图6–1–19）

（2）右臂屈肘折向前，右手由耳侧向前推出，手心向前，左臂屈肘后撤，手心向上，撤至左肋外侧；同时左腿轻轻提起，向后偏左退一步，脚掌先着地，然后全脚慢慢踏实，身体重心移至左腿，成右虚步，右脚随转体以脚掌为轴扭正；目视右手。（图6–1–20）

图6–1–19

图6–1–20

（3）上体微向左转，同时左手随转体向后上方画弧平举，手心向上，右手随即翻掌，掌心向上；眼睛随着转体先左视，再转向前方视右手。

（4）动作同（2），唯左右相反。（图6–1–21）

（5）动作同（3），唯左右相反。

（6）动作同（2）。（图6–1–22）

（7）动作同（3）。

（8）动作同（2），唯左右相反。（图6–1–23）

图6–1–21

图6–1–22

图6–1–23

7. 左揽雀尾

（1）上体微向右转，同时右手随转体向后上方画弧平举，手心向上；左手手心向下；目视左手。

（2）身体继续右转，左手下落，逐渐翻掌，经腹前画弧至右肋前，手心向上；右臂屈肘，手心转向下，收至右胸前，两手相对，呈抱球状；同时左脚收到右脚内侧，脚尖点地；目视右手。

（3）左脚向左前方迈出，上体继续向左转，右腿自然蹬直，左腿屈膝成左弓步；同时左臂向左前方推出，右手向右下落放于右胯旁，手心向下。（图6–1–24）

（4）身体微向左转，左手随即前伸翻掌向下，右手翻掌向上，经腹前向上、向前伸至左前臂下方；然后两手下捋，即上体向右转，两手经腹前向右后上方画弧，直至右手心向上，与肩平，左臂平屈于胸前，手心向后；同时身体重心移至右腿；目视右手。（图6–1–25）

（5）上体微向左转，右臂屈肘折回，右手附于左手腕里侧，上体继续向左转，两手同时向前慢慢挤出，左手心向后，右手心向前，左前臂要保持半圆；同时身体重心逐渐前移成左弓步；目视左手腕部。（图6–1–26）

图6–1–24

图6–1–25

图6–1–26

（6）左手翻掌，手心向下，右手经左腕上方向前、向右伸出，与左手齐，手心向下，两手左右分开，与肩同宽；然后右腿屈膝，上体慢慢后坐，身体重心移至右腿，左脚尖翘起；同时两手屈肘，回收至腹前，手心均向前下方；眼睛平视前方。

（7）上式不停，身体重心慢慢前移，同时两手向前、向上按出，掌心向前；成左弓步；眼睛平视前方。（图6–1–27）

8. 右揽雀尾

（1）上体后坐并向右转，身体重心移至右腿，左脚脚尖里扣；右手向右平行画弧至右侧，然后由右下方经腹前向左上方画弧至左肋前，手心向上；左臂平屈胸前，左手掌心向下与右手呈抱球状；同时身体重心移至左腿，右脚收到左脚内侧，脚尖点地；目视左手。（图6–1–28、图6–1–29）

图6–1–27

图6–1–28

图6–1–29

（2）动作同“左揽雀尾”（3），唯左右相反。（图6–1–30）

（3）动作同“左揽雀尾”（4），唯左右相反。（图6–1–31）

（4）动作同“左揽雀尾”（5），唯左右相反。（图6–1–32）

（5）动作同“左揽雀尾”（6），唯左右相反。

图6–1–30

图6–1–31

图6–1–32

（6）动作同“左揽雀尾”（7），唯左右相反。（图6–1–33）

9. 单鞭

（1）上体后坐，身体重心逐渐移至左腿，右脚脚尖里扣，同时上体左转，两手（左高右低）向左画弧，直至左臂平举，伸于身体左侧，手心向左，右手经腹前至左肋前，手心向后上方；目视左手。

（2）身体重心再次逐渐移至右腿，上体左转，左脚向右脚靠拢，脚尖点地；同时右手向右上方画弧（手心由里转向外），至右侧方时变勾手，臂与肩平，左手向下经腹前向右上画弧停于右肩前，手心向上；目视右手。

（3）上体微向左转，左脚向左前侧方迈出，右脚跟后蹬，成左弓步；在身体重心移向左腿的同时，左掌随上体的继续左转慢慢翻转向前推出，手心向前，手指与眼齐平，臂微屈；目视左手。（图6–1–34）

图6–1–33

图6–1–34

10. 云手

（1）重心移至右腿，身体逐渐向右转，左脚脚尖里扣；左手经腹前向右上画弧至右肩前，手心斜向后，同时右手松勾变掌，手心向右前；目视左手。（图6–1–35）

（2）上体慢慢左转，重心随之逐渐左移；左手由脸前向左侧转，手心渐渐转向左侧；右手由右下经腹前向左上方画弧至左肩前，手心斜向后；同时右脚靠近左脚，成小开立步；目视右手。（图6–1–36、图6–1–37）

（3）上体向右转，同时左手经腹前向右上方画弧至右肩前，手心斜向后；右手向右侧转，手心翻转向右；左腿向左横跨一步；目视左手。（图6–1–38、图6–1–39）

图6–1–35

图6–1–36

图6–1–37

图6–1–38

（4）动作同（2）。（图6-1-40、图6-1-41）

（5）动作同（3）。（图6-1-42、图6-1-43）

（6）动作同（2）。（图6-1-44）

图6-1-39

图6-1-40

图6-1-41

图6-1-42

图6-1-43

图6-1-44

11. 单鞭

（1）上体向右转，右手随之向右转，至右侧变成勾手；左手经腹前向右上方画弧至右肩前，手心向上，身体重心落在右腿上，左脚脚尖点地；目视左手。

（2）上体微向左转，左脚向左前侧迈出，右脚跟后蹬，成左弓步；在身体重心移向左腿的同时，上体继续左转，左掌慢慢翻转向前推出，成“单鞭”式。（图6-1-45）

12. 高探马

右脚跟进半步，右勾手变成掌，两手心翻转向上，两肘微屈；同时身体微向右转，左脚跟渐渐离地；目视左前方；上体微向左转，面向左前方，右掌经右耳旁向前推出，手心向前，手指与眼同高；左手收至左侧腰前，手心向上；同时左脚微向前移，脚尖点地，成左虚步；目视右手。（图6–1–46）

图6–1–45

图6–1–46

13. 右蹬脚

（1）左手手心向上，前伸至右手腕背面，两手相互交叉，随即向两侧分开并向下画弧，手心斜向下，同时左脚提起，向左前方迈步（脚尖稍外撇）；身体重心前移；右腿自然蹬直，成左弓步；目视前方。

（2）两手由外圈向里圈画弧，两手交叉，合抱于胸前，右手在外，两手心均向后；同时右脚向左脚靠拢，脚尖点地；眼睛平视右前方。

（3）两臂左右画弧，分开平举，肘部微屈，手心均向外；同时右腿屈膝提起，右脚向右前方慢慢蹬出；目视右手。（图6–1–47）

14. 双峰贯耳

（1）右腿收回，屈膝平举；左手由后向上、向前下方落至体前，两手心均翻转向上，两手同时向下画弧，分别落于右膝盖两侧；目视前方。

（2）右脚向右前方落下，重心渐渐前移，成右弓步，面向右前方，同时两手下落慢慢变成拳，分别从两侧向上、向前画弧，贯拳至面部前方，呈钳形，两拳相对。（图6–1–48）

15. 转身左蹬脚

（1）左腿屈膝后坐，身体重心移至左腿，上体左转，右脚脚尖里扣；同时两拳变掌，由上向左右画弧，分开平举，手心向前；目视左手。

（2）身体重心移至右腿，左脚收到右脚内侧，脚尖点地；同时两手由外圈向里圈画弧，合抱于胸前，左手在外，两手心均向后；眼睛平视左方。

（3）两臂左右画弧分开平举，肘部微屈，手心均向外；同时左腿屈膝提起，左脚向左前方慢慢蹬出；目视左手。（图6–1–49）

图6–1–47

图6–1–48

图6–1–49

16. **左下势独立**

（1）左腿收回平屈，上体右转；右掌变成勾手，左掌向上、向右画弧下落，立于右肩前，掌心斜向后；目视右手。

（2）右腿慢慢屈膝下蹲，左腿由内向左侧偏后伸出，成左仆步；左掌下落，掌心向外，向左下顺左腿内侧向前穿出；目视左手。（图6–1–50）

（3）身体重心前移，以左脚跟为轴，脚尖尽量向外撇，左腿前弓，右腿后蹬，右脚脚尖里扣，上体微向左转并向前起身；同时左臂继续向前伸出立掌，掌心向右，右勾手下落，勾尖向后；目视左手。（图6–1–51）

（4）右腿慢慢提起平屈，呈左独立式；同时右勾手变掌，并由后下方顺右腿外侧向前以弧形上挑，屈臂立于右腿上方，肘与膝相对，手心向左；左手落于左胯旁，手心向下，指尖向前；目视右手。（图6–1–52）

图6–1–50

图6–1–51

图6–1–52

图6-1-53

17. 右下势独立

（1）右脚下落于左脚前，脚尖着地，然后左脚以前脚掌为轴，脚跟转动，身体随之左转，同时左手向后平举，变成勾手，右掌随着转体向左侧画弧，立于左肩前，掌心斜向后；目视左手。（图6-1-53）

（2）动作同“左下势独立”（2），唯左右相反。（图6-1-54）

（3）动作同“左下势独立”（3），唯左右相反。（图6-1-55）

（4）动作同“左下势独立”（4），唯左右相反。（图6-1-56）

图6-1-54

图6-1-55

图6-1-56

18. 左右穿梭

图6-1-57

（1）身体微向左转，左脚向前落地，脚尖外撇，右脚跟离地，两脚屈膝，呈半坐盘式；同时两手在左胸前呈抱球状（左上右下）；然后右脚收到左脚的内侧，脚尖点地；目视左前臂。

（2）身体右转，右脚向右前方迈出，屈膝弓腿，成右弓步；同时右手由脸前向上举并翻掌停于右额前，手心斜向上；左手先向左下再经体前向前推出，与鼻尖平，手心向前；目视左手。（图6-1-57）

（3）身体重心略向后移，右脚脚尖稍向外撇，随即身体重心再移至右腿，左脚跟进，停于右脚内侧，脚尖点地；同时两手在右胸前呈抱球状（右上左下）；目视右前臂。

（4）动作同（2），唯左右相反。（图6-1-58）

19. 海底针

（1）右脚向前跟进半步，身体重心移至右腿，左脚稍向前移举步；右手下落经体前向后、向上提抽至肩上耳旁，左手下落至体前侧。

（2）左脚脚尖点地成左虚步；同时身体稍向右转；右手再随身体左转，由右耳旁斜向前下方插出，掌心向左，指尖斜向下；与此同时，左手向前、向下画弧落于左胯旁，手心向下，指尖向前；目视前下方。（图6–1–59）

图6–1–58

20. 闪通臂

（1）上体稍向右转，左脚微回收举步；同时两手上提；目视前方。

（2）左脚向前迈出，脚跟着地；两手分别向左前、右后分开；左手心向前，右手心向外；目视前方。

（3）重心前移，左腿屈膝成左弓步；同时右手屈臂上举，停于右额前上方，掌心翻转斜向上，拇指朝下；左手由胸前随重心前移慢慢向前推出，与鼻尖平，手心向前；目视左手。（图6–1–60）

图6–1–59

21. 转身搬拦捶

（1）上体后坐，身体重心移至右腿，左脚脚尖里扣；身体向右后转，然后身体重心移至左腿；与此同时，右手随着转体向右、向下变拳，经腹前画弧至左肋旁，拳心向下；左掌上举于头前，掌心斜向上；目视前方。

（2）向右转体，右拳经胸前向前翻转撇出，拳心向上；左手落于左胯旁，掌心向下，指尖向前；同时右脚收回后不要停顿或脚尖点地，即向前迈出，脚尖外撇；目视右拳。（图6–1–61）

（3）身体重心移至右腿，左脚向前迈出一步；左手上起经左侧向前上方画弧拦出，掌心向前下方；同时右拳向右画弧收到右腰旁，掌心向上；目视左手。（图6–1–62）

图6–1–60

图6–1–61

图6–1–62

（4）左腿前弓成左弓步，同时右拳向前打出，拳眼向上，与胸平，左手附于右前臂里侧；目视右拳。（图6–1–63）

22. 如封似闭

（1）左手由右腕下方向前伸出，右拳变掌，两手手心逐渐翻转向上并慢慢分开回收；同时身体后坐，左脚脚尖翘起，身体重心移至右腿；目视前方。

（2）两手在胸前翻掌，向下经腹前再向上、向前推出，腕部与肩平，手心向前；同时左腿前弓成左弓步；目视前方。（图6–1–64）

图6–1–63

图6–1–64

23. 十字手

（1）屈膝后坐，身体重心移至右腿，左脚脚尖里扣，向右转体；右手随着转体动作向右平摆画弧，与左手呈两臂侧平举姿势，掌心向前，肘部微屈；同时右脚脚尖随着转体稍向外撇，成右侧弓步；目视右手。

（2）身体重心慢慢移至左腿，右脚脚尖里扣，随即向左收回，两脚距离与肩同宽，两腿逐渐蹬直，成开立步；同时两手向下经腹前向上画弧交叉合抱于胸前，两臂撑圆，腕高与肩平，右手在外，成十字手，手心均向后；目视前方。（图6–1–65）

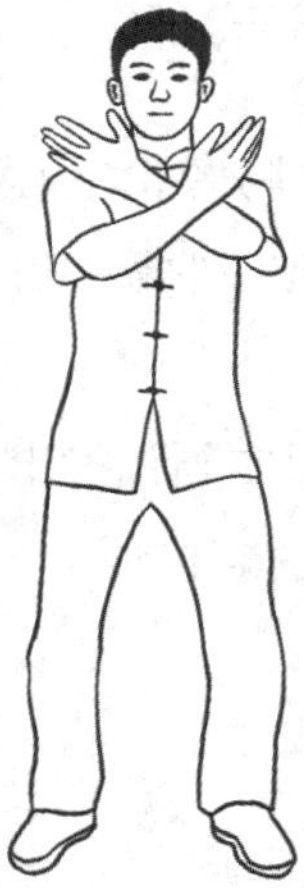

图6–1–65

24. 收势

（1）两手向外翻掌，手心向下，两臂慢慢下落，停于腹前；目视前方。（图6–1–66）

（2）两腿缓缓蹬直，同时两掌慢慢下落至大腿侧，然后收左脚成并步直立；目视前方。（图6–1–67）

图6-1-66

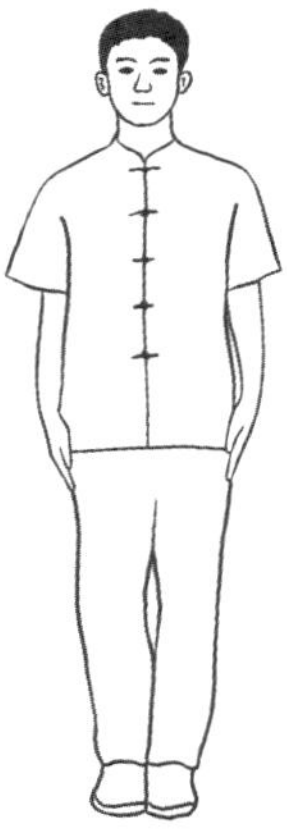

图6-1-67

（三）八段锦

八段锦是以自身形体活动、呼吸吐纳、心理调节相结合为主要运动形式的民族传统体育项目。八段锦的功法特点是：柔和缓慢，圆活连贯；松紧结合，动静相兼；神与形合，气寓其中。八段锦的习练要领是：松静自然，准确灵活，练养相兼，循序渐进。

预备式

动作1：两脚并步站立，两臂自然垂于体侧，身体中正，目视前方。（图6-1-68）

动作2：随着松腰沉髋，身体重心移至右腿；左脚向左侧迈步，脚尖朝前，约与肩同宽；目视前方。（图6-1-69）

动作3：两臂内旋，两掌分别向两侧摆起，约与髋同高，掌心向后；目视前方。（图6-1-70）

动作4：上动不停，两腿膝关节稍屈；同时，两臂外旋，向前合抱于腹前，呈圆弧形，与脐同高，掌心向内，两掌指间距约10厘米；目视前方。（图6-1-71）

图6-1-68

图6-1-69

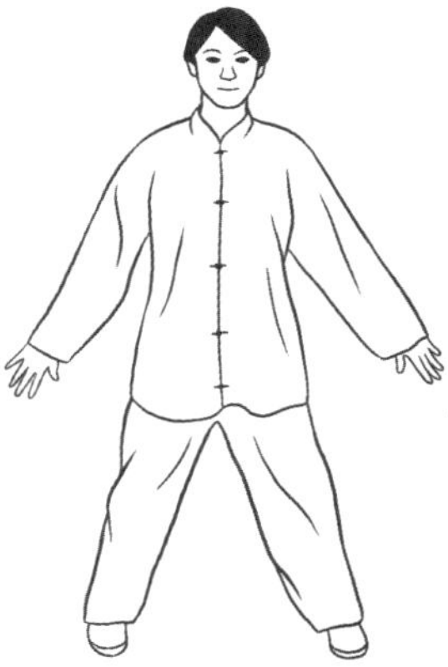

图6-1-70

图6-1-71

图6–1–72

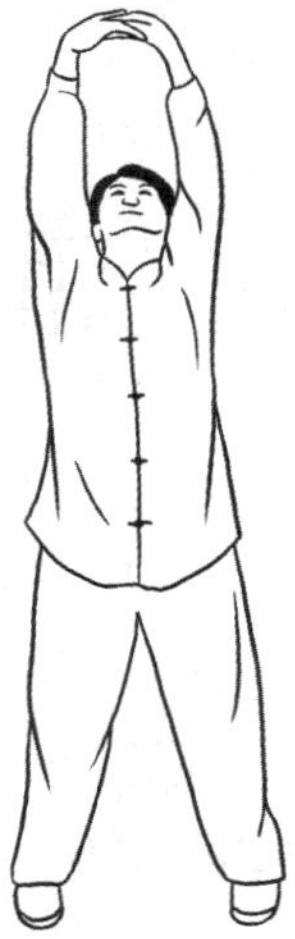

图6–1–73

第一式——两手托天理三焦

动作1：接上式。两臂外旋微下落，两掌五指分开，在腹前交叉，掌心向上；目视前方。（图6–1–72）

动作2：上动不停，两腿缓慢挺膝伸直；同时，两掌上托至胸前，随之两臂内旋向上托起，掌心向上；抬头，目视两掌。（图6–1–73）

动作3：上动不停，两臂继续上托，肘关节伸直；同时，下颌内收，动作略停；目视前方。（图6–1–74）

动作4：身体重心缓缓下降；两腿膝关节微屈；同时，十指慢慢分开，两臂分别向身体两侧下落，两掌捧于腹前，掌心向上；目视前方。（图6–1–75）

注意：本式上托下落为1遍，共做6遍。

第二式——左右开弓似射雕

动作1：接上式。身体重心右移；左脚向左侧开步站立，两腿膝关节自然伸直；同时，两掌向上交叉于胸前，左掌在外，右掌在内，两掌心向内；目视前方。（图6–1–76）

图6–1–74

图6–1–75

图6–1–76

动作2：两腿慢慢屈膝，半蹲成马步；同时，右手呈“爪”形，向右拉至肩前；左手呈“八”字掌，左臂内旋向左侧推出，与肩同高，坐腕，掌心向左，食指指尖向上，如拉弓射箭之势；动作略停；目视左掌方向。（图6–1–77）

动作3：身体重心右移；同时，右手五指伸开成掌，向上、向右画弧，与肩同高，指尖向上，掌心斜向前；左手手指伸开成掌，掌心斜向后；目视右掌。（图6–1–78）

动作4：上动不停，重心继续右移；左脚回收，成并步站立；同时，两掌向两侧下落，捧于腹前，指尖相对，掌心向上；目视前方。（图6–1–79）

动作5至动作8：动作要领同动作1至动作4，唯左右相反。（图6–1–80至图6–1–82）

图6–1–77

图6–1–78

图6–1–79

图6–1–80

图6–1–81

图6–1–82

注意：本式一左一右为1遍，共做3遍。第3遍最后一步时，身体重心继续左移；右脚向右侧开步站立，与肩同宽，屈膝下蹲，两掌不变；目视前方。（图6–1–83）

第三式——调理脾胃须单举

动作1：接上式。两腿慢慢伸直；同时，左掌上托，左臂外旋上穿经面前，随之手臂内旋上举至头左上方，肘关节微屈，力达掌根，掌心向上，手指向右；同时，右掌微上托，随之手臂内旋，下按至右髋旁，肘关节微屈，力达掌根，掌心向下，手指向前，动作略停；目视前方。（图6–1–84）

图6-1-83

图6-1-84

动作2：松腰沉髋，身体重心慢慢下降；两腿膝关节微屈；同时，左臂屈肘外旋，左掌经面前下落于腹前，掌心向上；右臂外旋，向上捧于腹前，两掌指尖相对，相距约10厘米，掌心向上；目视前方。（图6–1–85）

动作3、4：同动作1、2，唯左右相反。（图6–1–86、图6–1–87）。

注意：本式一左一右为1遍，共做3遍。第3遍最后一步时，两腿膝关节微屈；同时，两臂屈肘，两掌下按于两髋旁，掌心向下，指尖向前；目视前方。（图6–1–88）

图6-1-85

图6-1-86

图6-1-87

图6-1-88

第四式——五劳七伤往后瞧

动作1：接上式。两腿慢慢伸直；同时两臂伸直，掌心向后，手指向下，目视前方；上动不停，两臂充分外旋，掌心向外；头向左后转，动作略停；目视左斜后方。（图6–1–89、图6–1–90）

动作2：松腰沉髋，身体重心慢慢下降；两腿膝关节微屈；同时，两臂内旋，按于两髋旁，掌心向下，指尖向前；目视前方。（图6–1–91）

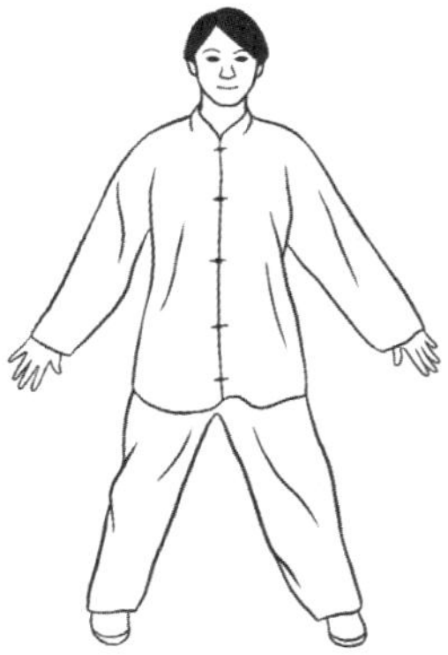

图6–1–89

图6–1–90

图6–1–91

动作3：同动作1，唯左右相反。（图6–1–92、图6–1–93）

动作4：同动作2。（图6–1–94）

注意：本式一左一右为1遍，共做3遍。第3遍最后一步时，两腿膝关节微屈；同时，两掌捧于腹前，指尖相对，掌心向上；目视前方。（图6–1–95）

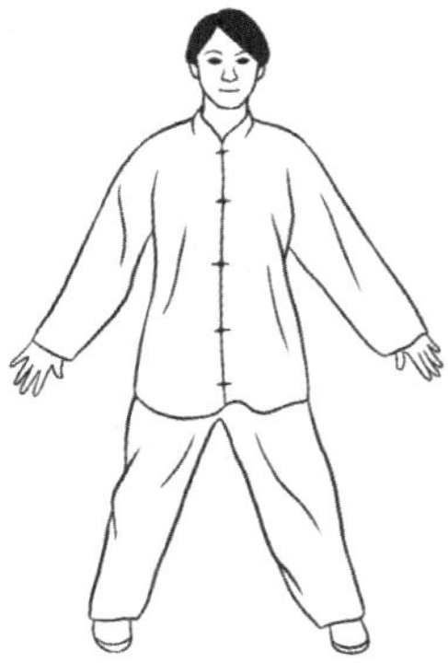

图6–1–92

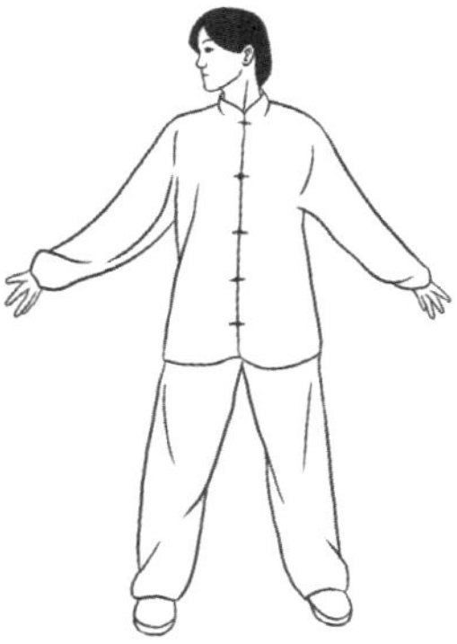

图6–1–93

图6–1–94

图6–1–95

第五式——摇头摆尾去心火

动作1：接上式。身体重心左移；右脚向右开大步站立，两腿膝关节自然伸直；同时，两掌上托，与胸同高，两臂内旋，两掌继续上托至头上方，肘关节微屈，掌心向上，指尖相对；目视前方。（图6–1–96）

动作2：上动不停，两腿慢慢屈膝，下蹲成马步；同时，两臂向两侧下落，两掌扶

于膝关节上方，肘关节微屈，小指侧向前；目视前方。（图6–1–97）

动作3：身体重心向上稍升起，然后向右移；上体向右倾，目视左斜前，随之俯身，低头看右脚内侧。（图6–1–98）

图6–1–96

图6–1–97

图6–1–98

动作4：上动不停，身体重心左移；同时上体由右向前、向左旋转；目视左脚。（图6–1–99）

动作5：身体重心右移，摆尾成马步；同时，头向后摇（由右向左约270°），上体立起，随之下颌微收；目视前方。（图6–1–100）

动作6至动作8：同动作3至动作5，唯左右相反。（图6–1–101至图6–1–103）

图6–1–99

图6–1–100

图6–1–101

注意：本式一左一右为1遍，共做3遍。做完3遍后，身体重心左移，右脚回收，成开立步，与肩同宽；同时，两掌向外经两侧向上举，掌心相对；目视前方（图6–1–104）。随后松腰沉髋，身体重心慢慢下降，两腿膝关节微屈；同时屈肘，两掌经面前下按至腹前，掌心向下，指尖相对；目视前方。（图6–1–105）

图6-1-102

图6-1-103

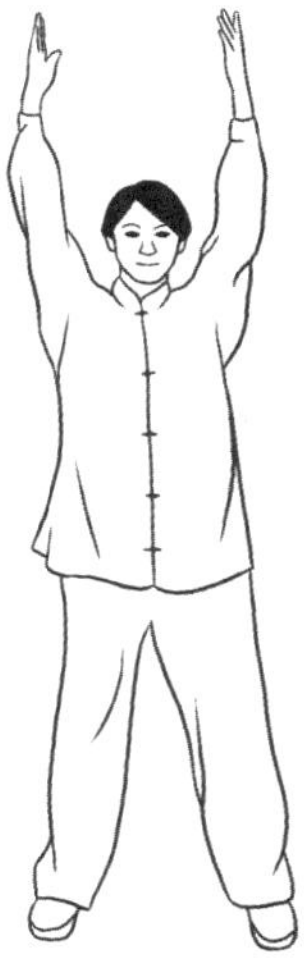

图6-1-104

图6-1-105

第六式——两手攀足固肾腰

动作1：接上式。两腿慢慢伸直站立；同时两掌指尖向前，两臂向前、向上举起，肘关节伸直，掌心向前；目视前方。（图6-1-106）

动作2：两臂内旋至掌心相对，屈肘下按于胸前，掌心向下，指尖相对；目视前方。（图6-1-107）

动作3：上动不停，两臂外旋，两掌心向上，随之两掌手指顺腋下向后插；目视前方。（图6-1-108）

动作4：随后两掌心向内，沿脊柱两侧向下摩运至臀部；随之上体前俯，两掌继续沿腿后方向下摩运，经脚两侧置于脚面；抬头，动作略停；目视前下方。（图6-1-109）

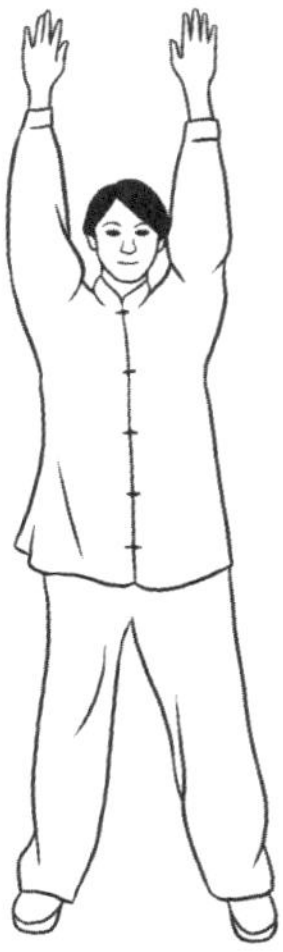

图6-1-106

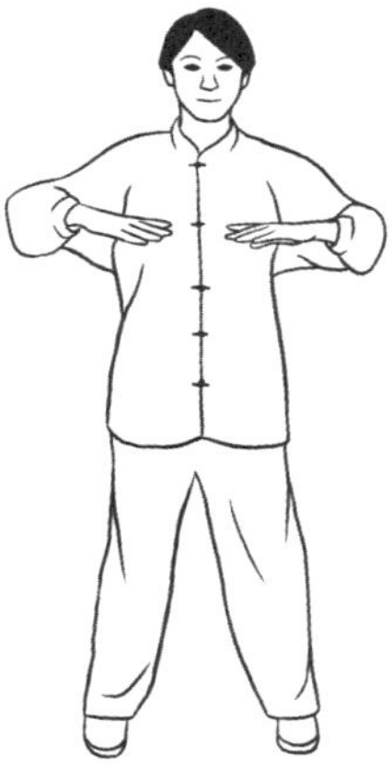

图6-1-107

图6-1-108

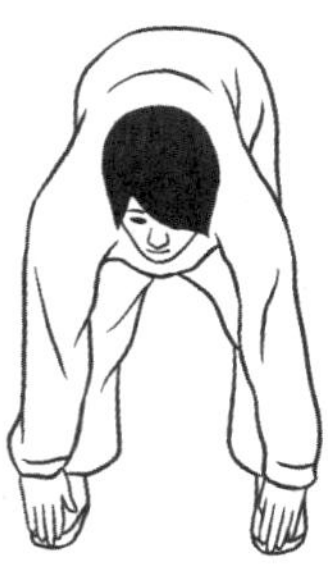

图6-1-109

动作5：两掌沿着地面前伸，随之用手臂带动上体起立，两臂伸直上举，掌心向前；目视前方。（图6–1–110）

注意：本式一上一下为1遍，共做6遍。做完6遍后，松腰沉髋，重心慢慢下降；两腿膝关节微屈，两掌向前下按至腹前，掌心向下，指尖向前；目视前方。（图6–1–111）

第七式——攒拳怒目增气力

动作1：接上式。身体重心右移，左脚向左开步，然后两腿慢慢屈膝半蹲成马步；同时，两拳握牢，抱于腰侧，拳眼朝上；目视前方。（图6–1–112）

动作2：左拳慢慢用力向前冲出，与肩同高，拳眼朝上；瞪目，看左拳冲出方向。（图6–1–113）

图6–1–110

图6–1–111

图6–1–112

图6–1–113

动作3：左臂内旋，左拳变掌，虎口朝下；目视左掌（图6–1–114）。左臂外旋，肘关节微屈，左臂向左缠绕，变掌心向上后握拳；目视左拳（图6–1–115）。

动作4：屈肘，回收左拳至腰侧，拳眼朝上；目视前方。（图6–1–116）

动作5至动作7：同动作2至动作4，唯左右相反。（图6–1–117至图6–1–120）

图6–1–114

图6–1–115

图6–1–116

图6–1–117

注意：本式一左一右为1遍，共做3遍。做完3遍后，身体重心右移，左脚回收成并步站立；同时，两拳变掌，自然垂直于体侧；目视前方。（图6–1–121）

图6–1–118

图6–1–119

图6–1–120

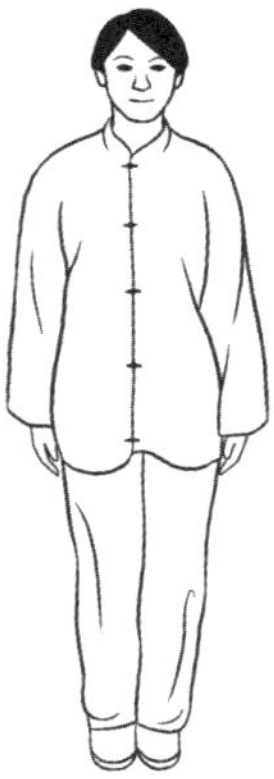
图6–1–121

第八式——背后七颠百病消

动作1：接上式。两脚跟提起；头上顶，动作略停；目视前方。（图6–1–122、图6–1–123）

动作2：两脚跟下落时先下落到脚掌中间，然后继续下落轻振地面；目视前方。（图6–1–124）

注意：本式一起一落为1遍，共做7遍。

图6–1–122

图6–1–123

图6–1–124

收势

动作1：接上式。两臂外旋，向两侧摆起，与髋同高，掌心向后；目视前方。（图6–1–125）

动作2：两臂屈肘，两掌相叠置于丹田处（男性左手在内，女性右手在内）；目视

前方。（图6–1–126）

动作3：两臂自然下落，两掌轻贴于腿外侧；目视前方。（图6–1–127）

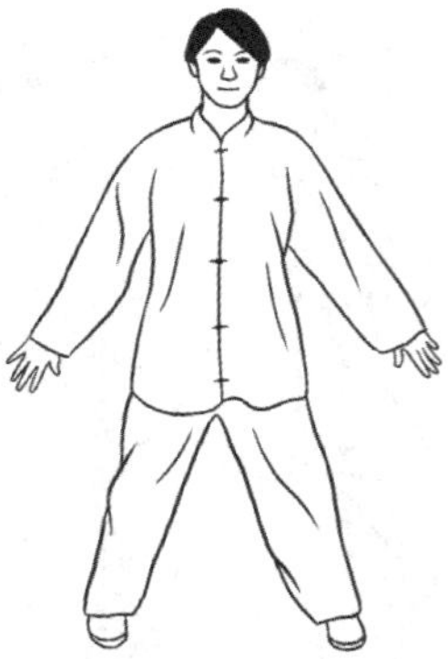
图6–1–125

图6–1–126

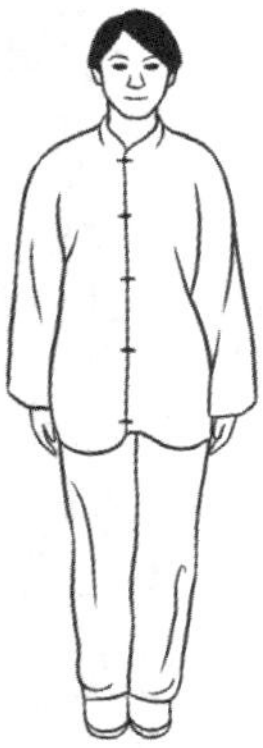
图6–1–127

思政小课堂

中华优秀传统文化源远流长、博大精深，是中华文明的智慧结晶。党的二十大报告提出，“传承中华优秀传统文化，满足人民日益增长的精神文化需求”。24式太极拳、八段锦都是优秀传统文化的一部分，大学生通过学习和传播中华优秀传统文化，可以增强民族自豪感和文化自信。

任务考核与自评

24式太极拳和八段锦健身功效

姓名：	院（系）：	学号：	日期：
24式太极拳健身功效：			
八段锦健身功效：			
得分：			
体育教师签字：			日期：

任务二　竹竿舞

一、竹竿舞概述

（一）竹竿舞的起源与发展

竹竿舞又称跳竹竿，其形成与少数民族人民的生产劳动、风俗习惯等有着密切联系，是我国少数民族人民在不同的历史发展进程中，为了生存和满足生产需要而创造出来的。竹竿舞盛行于我国的黎族、畲族、京族、壮族、瑶族、苗族、佤族等少数民族，其中最具代表性的是黎族的竹竿舞。不同民族的竹竿舞的起源各不相同，如苗族的竹竿舞是从驱赶野兽的行为中衍生的；佤族的竹竿舞是当寨子中有名望、有身份的长者去世时用以纪念逝者所跳的舞蹈；黎族的竹竿舞是在新谷归仓、祈福来年丰收时所跳的舞蹈。虽然各民族的竹竿舞的原始功能各不相同，但在表现形式上十分相似，即在有节奏、有规律的碰击声中，跳竿者要在竹竿开合的瞬间做跳进或跳出的动作，并配合变化多样的上肢动作和高声呼喊，与竹竿的击打声共同营造出豪迈、洒脱、热烈的舞蹈氛围。

（二）竹竿舞的特点与价值

竹竿舞不受年龄、场地、人数等条件的限制。竹竿舞通过打竿者与跳竿者的默契配合，在以游戏的形式进行民族文化教育和传承的同时，有助于提高大学生的灵敏素质、协调素质等身体素质，增强大学生的节奏感和韵律感，培养大学生勇于挑战、大胆表达、团结协作的精神。

（三）竹竿舞比赛的种类

竹竿舞比赛的种类很多，一般可分为表演赛、邀请赛、友谊赛、选拔赛、教学比赛等。比赛形式以集体协作为基础，参与者被分为打竿者和跳竿者。跳竿者可以是单人、双人、3人或6人以上。

（四）竹竿舞比赛规则

1. 场地及器材

竹竿舞作为娱乐活动时，对器材没有严格规定；竹竿舞用于教学、表演和比赛时，对器材有较严格的规定。

（1）场地。6米宽、12米长的平坦水泥地、沙地、草地均可，同样规格的舞台也可以。

（2）器材。直径为10～12厘米、长为6米的粗竹竿2根，直径为4～6厘米、长为5米的细竹竿8～10根。

2. 主要规则简介

（1）为了增强气氛，表演者在表演时应穿戴民族服饰。

（2）每队表演包括单人、双人和多人花样套路表演。

（3）表演道具可以是花扇、花伞、彩带、彩球、花帽等各类民族装饰品，但表演者不得穿可能引发伤害事故的服饰。

（4）竹竿必须在表演前和表演完毕后才能被搬进和搬出。表演者必须在表演时才能进场，以免影响其他表演者的表演。

（5）竹竿舞的评判方法可借鉴艺术体操、健美操的评判方法。裁判员根据表演者的动作编排和完成情况打分。

（6）动作规定：①竹竿舞的动作包括大跳、转体、绕摆以及民间舞、现代舞等的动作；②在整套动作中，打竿要以三种以上的不同节奏进行；③动作编排要符合音乐、打竿的节奏和特点，紧张与放松必须交替进行；④动作要体现出团体动作的典型特点，即表演者要有集体观念，动作整齐划一。

（7）表演比赛的时间为5～6分钟，另加20秒作为入场时间。比赛开始与第一名表演者进入比赛场之间必须有2秒间歇。

（8）套路时间从第一个动作开始时计时，至最后一个动作结束时停止计时。

二、竹竿舞基本技术

竹竿舞的基本技术分为打竿和跳竿两个部分。

（一）打竿

打竿队员在表演时分成两排，面对面平行地站（或蹲或坐）于粗竹竿的两端，相对的两人以同侧手分别持两根细竹竿的一端，队长或打竿队员之一用口令或哨子指挥，全体打竿队员整齐地按一定的节拍使竹竿相碰，发出铿锵清脆的响声。

1. 方法

相对的两名打竿队员共持两根细竹竿，通过同时向下敲击地面上的粗竹竿及开合竹竿等动作，使竹竿有节奏地发出铿锵清脆的声音。

（1）平碰法：打竿队员两手各持两根细竹竿的一端，间距与肩同宽，有节奏地使两根竹竿在胸前敲击一次或两次。

（2）提敲法：打竿队员两手各持两根细竹竿的一端，在竹竿相合或分开之后，一手持细竹竿向下敲击粗竹竿，提敲的次数根据节奏而定。

2. 节拍

打竿的节拍可分为2拍、3拍、4拍、5拍、7拍等。

3. 节奏

打竿队员运用各种打竿方法使竹竿相碰，发出各种不同的声音，从而打出不同的节奏。

（1）2拍节奏：①打竿队员两手持竿合敲1拍，然后分开向下敲1拍，依次重复进行；②两手合敲可以是两根细竹竿互碰或两根细竹竿向下敲击粗竹竿；③分开向下敲击1拍后，左手再向下敲击1拍，同时右手抓竿上提0.5米。

（2）3拍节奏：①分开敲2拍，合敲1拍，依次重复进行；②分开敲1拍，合敲2拍，依次重复进行；③分开敲1拍，上提合敲2拍，依次重复进行；④合敲2拍，分开上提1拍，依次重复进行。

（3）4拍节奏：①分开敲2拍，合敲2拍，依次重复进行；②分开敲3拍，合敲1拍，依次重复进行，反之亦然；③合敲1拍，间或上提1.5米左右再碰击1拍，翻身携竿转体2拍，依次重复进行。

（4）5拍节奏：第1、3、4拍分开敲，第2、5拍合敲。

（5）7拍节奏：①第1、3、5、6拍分开敲，第2、4、7拍合敲，依次重复进行；②第1拍分开下敲，第2拍上提0.5米再合敲，第3拍分开，第4拍站起上提1.5米再合敲，第5、6拍翻身转体，第7拍在等高处合敲，依次重复进行。

4. 打竿姿势

（1）盘腿坐：打竿者两腿盘坐在地上，上体直立，两手握竹竿。

（2）单腿跪膝：打竿者单膝跪立在地上，上体直立，两手握竹竿。

（3）站立：打竿者两腿左右开立，上体直立，两手握竹竿。

（二）跳竿

跳竿动作有单腿跳、双腿并跳、转体单腿跳、分腿跳、翻跟斗等。

跳竿者通过跳竿动作，再结合上肢动作，按不同的节奏在不断开合的细竹竿空隙中左跨右跳；时而腾空，时而停在细竹竿间；既不能踩竿，也不能被细竹竿夹住，否则表演失败。若要跳得轻松欢快，跳竿者应以前脚掌着地为佳。

1. 2拍跳法

（1）单腿跳进：左脚前跳1拍，右脚越竿前跳1拍。

（2）单腿进退：左脚前跳1拍，右脚越竿前跳1拍；左脚越竿前跳1拍，右脚越竿后跳1拍。

（3）转体180° 跳进：左脚跳进1拍，右脚越竿跳进，同时身体左转180° ；右脚跳进1拍，左脚越竿跳进，同时身体右转180° 。

2. 3拍跳法

（1）交换腿跳（以二合一开为例）：左脚跳进1拍，右脚原地跳1拍；左脚越竿跳进1拍，右脚越竿跳进1拍；左脚原地跳1拍，右脚越竿跳进1拍。

（2）单脚连跳（以一合二开为例）：左脚跳进1拍，右脚越竿跳进1拍，右脚原地再跳1拍。

（3）单双脚交换跳（以一合二开为例）：左脚跳进1拍，两脚越竿原地跳进1拍，两脚越竿原地跳1拍。

（4）分腿跳（以二合一开为例）：两脚跳进1拍，分腿原地跳1拍，左脚越竿跳进1拍。

3. 4拍跳法

（1）踢腿跳：两脚跳进1拍，右腿原地踢腿跳1拍，两脚越竿跳进1拍，左腿原地踢腿跳1拍。

（2）脚跟点地跳：两脚跳进1拍，右脚原地跳1拍，同时右脚脚跟右前点地，上体右倾；两脚越竿跳进1拍，左脚原地跳1拍，同时左脚脚跟左前点地，上体左倾。

4. 5拍跳法

开—合—开开—合。

5. 7拍跳法

以“开合—合开—开开合”为例，左脚跳进1拍，右脚越竿跳进1拍，左脚跳进1拍，右脚越竿后跳1拍，左脚原地跳1拍，同时右脚脚尖越竿点地收回，右脚越竿后跳1拍，右脚原地跳1拍。

跳竹竿的方法不止以上几种，还可设计出多种动作，再加上上肢的摆、绕、拨等动作，表演形式灵活多样。

6. 集体跳法

集体跳法是在个人动作的基础上演变而来的，在动作上要求队员整齐一致。下面介绍几种集体跳的形式供参考。

（1）纵向排列式。各队队员成一路纵队排好，然后从后台方向向前台方向一个接一个地整齐跳出，出竿亮相后转身在竿外排回队尾。

（2）并排式。队员以2人、3人、4人等形式手牵着手并排同时跳进。在跳的过程中，队员牵着的手可向前摆，也可举在头上左右摇摆。

（3）双人变换式。这里以4拍（开开合合）节奏为例。两人面对面，两手相牵，侧对竹竿做好准备。

具体方法：①内侧腿跳进的同时，两手牵着举起，此时外侧腿向前小幅度踢腿，头转向观众，为1拍；②外侧腿落地跳的同时，两手牵着下压，内侧腿后踢，头低下；③内侧腿越竿跳进的同时，两手牵着上举，一名队员右（左）转90°，另一名队员方向不变；④外侧腿落地跳的同时，转体的队员继续右（左）转90°，另一名队员方向不变，两名队员成面对背的位置关系；⑤内侧腿越竿跳进的同时，转体队员左（右）转90°，另一名队员方向不变；⑥外侧腿落地跳的同时，转体队员继续左（右）转90°，另一名队员方向不变，两名队员成面对面的位置关系；⑦~⑧的跳法同⑤~⑥。

任务考核与自评

竹竿舞基本技术

姓名：	院（系）：	学号：	日期：
打竿基本技术：			
跳竿基本技术：			
得分：			
体育教师签字：			日期：

任务三　抛绣球

一、抛绣球概述

（一）抛绣球的起源与发展

抛绣球是广西壮族人民在喜庆集会上所开展的一项传统体育项目，历史悠久，现仍在广西百色、柳州、南宁、河池等地区广泛流传。近年来，广西壮族自治区体育局根据抛绣球的运动特点加以整理与发展，制定出规则，使抛绣球成为对抗性的传统体育项目。该项目不但能提高灵敏素质及速度素质，而且能培养果断、坚毅、自信、积极向上的品质，陶冶美好高尚的情操。

（二）抛绣球的场地与器材

1. 场地

长方形的场地，长26米，宽14米，必须有明显的界线。在中线两侧7米的地方，各画一条与中线平行、与两条边线相接的线，这两条线叫作投球控制线。投球控制线到端线之间的地区为投球区。

2. 器材

（1）投球圈。在中线的中点竖一根高9米的杆，杆顶安一个直径1米的圆圈，作为投球圈。

（2）绣球。绣球由绸布或花布制成，直径5～6厘米，内装细砂石，重150克。球心系着一条长90厘米的绳子。绳子的尾端系着3块长4厘米、宽0.5厘米的布条，球下部缝上5块长5厘米、宽0.5厘米的布条为球穗，这样就制成了比赛用的绣球。比赛时需备五种不同颜色的绣球各3个。

二、抛绣球基本技术

（一）高杆抛绣球技术

1. 准备姿势

动作要领（以右手投球为例）：持绣球正对投球方向，两脚前后开立，左脚在前、右脚在后，两脚相距约30厘米（因人而异，以站立姿势舒适为宜），重心落在右脚上，左手向前上方伸直，掌心向上，用四指托住绣球，右手握住绣球提绳的尾部，平屈于右侧，上臂与前臂的夹角约30°，准备投球。

2. 投球

动作要领（以右手投球为例）：左手稍用力将绣球上抛，同时右手向后拉绳，开臂，以绣球提绳为半径，以右手握绳处为圆心，使绣球在身体右侧，按顺时针方向运动，同时蹬腿，送髋，伸臂送腕，重心前移。当绣球绕至前上方时，顺着球的惯性将球以合适的角度抛出。左臂自然平屈于胸前。

（二）背篓抛绣球技术

1. 持球

动作要领：背篓抛绣球的持球技术与高杆抛绣球相同。如用工艺绣球比赛，则用五指直接捏握。

2. 投球

动作要领：背篓抛绣球的投球技术与高杆投球技术较为相似，背篓抛绣球的出手角度相对要小。如用工艺绣球比赛，则用单手肩上投球技术。

3. 接球

动作要领：接球手背篓面对投球手站立于接球区内，面对投球手投来的绣球，判断来球落点，或侧或前或后移动，或蹲或半跪将来球接入篓中。

任务考核与自评

抛绣球基本技术

姓名：	院（系）：	学号：	日期：
高杆抛绣球基本技术：			
背篓抛绣球基本技术：			
得分：			
体育教师签字：			日期：

任务四　板鞋竞速

一、板鞋竞速概述

板鞋竞速是壮族民间传统体育项目，起源于明代。相传明代倭寇侵扰我国沿海地带，广西百色地区的瓦氏夫人率兵赴沿海抗倭。瓦氏夫人为了让士兵步调一致，令3名士兵穿上一副长板鞋齐跑。长期如此训练，士兵的素质大大提高，斗志高昂，所向披靡，打败了倭寇。后来南丹那地州壮族人民遂模仿瓦氏夫人的练兵方法，开展3人板鞋竞技活动，逐渐演变出这项民间体育活动，流传至今。

板鞋竞速是由广西壮族自治区向全国少数民族传统体育运动会成功推出的竞技体育比赛项目，具有较强的民族性、对抗性、趣味性和观赏性。2005年，国家民族事务委员会、国家体育总局批准将板鞋竞速项目列为全国少数民族传统体育运动会的正式比赛项目。

二、板鞋竞速基本动作

板鞋竞速基本动作包括预备姿势、行走动作和跑动动作。

（一）预备姿势

两脚前后开立，与肩同宽，两眼平视前方，两手扶在同伴的肩上或腰上，做好踏步的准备。（图6-4-1）

图6-4-1

（二）行走动作

1. 原地踏步一向前走一快速走

当同伴都做好准备以后，为使步调整齐一致，可由一人或一起喊口令“一、二、一”或“左、右、左”并原地踏步，口令与步调要一致。熟练后，自然向前走，再慢慢过渡到自然跑、快速跑。（图6–4–2）

图6–4–2

2. 弯道走

弯道走时，运动员必须改变身体姿势及摆臂和脚蹬地的方向。向左进弯道时，身体应向左倾斜，右肩高于左肩；右臂摆动幅度大且稍向外，左臂摆动幅度小且靠近体侧；右脚前抬时内扣，后蹬时用前脚掌的内侧扣紧板鞋；左脚稍向外，以脚外侧用力；右脚步幅稍大于左脚步幅。转弯后，身体逐渐过渡到正常姿势，快速向前走。（图6–4–3）

图6-4-3

（三）跑动动作

完整的跑动动作包括起跑、起跑后的加速跑、途中跑、弯道跑、终点跑五个部分。

1. 起跑

板鞋竞速的起跑分各就位和鸣枪两个环节。

各就位：当发令员发出“各就”口令时，运动员将板鞋置于跑道起跑线后。运动员共同套好板鞋，两脚前后开立，与肩同宽，身体稍前倾，身体重心降低并前移，注意力集中，两眼平视前方。

鸣枪：听到发令枪响后，运动员后腿迅速向前上方提膝前迈，向前跑出。（图6-4-4）

2. 起跑后的加速跑

起跑后的加速跑是指从向前迈出的板鞋着地到进入途中跑之前的这一阶段的动作。其任务是在较短的时间内达到最快速度，迅速转入途中跑。

图6-4-4

起跑后向前迈出的第一步不宜过大，身体重心应迅速前移，两臂积极摆动，身体保持协调、平衡，步长逐渐加大，步频逐渐加快。（图6-4-5）

图6-4-5

3. 途中跑

途中跑在板鞋竞速全程跑中距离最长、速度最快，其任务是保持高速跑。

途中跑是一个不断重复的周期性动作。途中跑包括两腿动作、摆臂动作、头和身体姿势。在板鞋竞速中，因为3人须同穿一对板鞋共同完成动作，所以3人的动作要协调一致，但凡有一人动作不一致，所有人都会立刻失去平衡，从而导致脱板或摔倒。因此，3人要注意腿部动作与摆臂动作的协调配合。摆动腿应尽量高抬，支撑腿要用力后蹬；两臂积极摆动，配合腿部动作；尽量缩短腾空时间，减小身体重心的起伏幅度，使身体保持稳定。上体适当前倾，眼睛平视前方。(图6–4–6)

图6–4–6

4. 弯道跑

向左跑进弯道时，身体应向左倾斜，右肩高于左肩；右臂摆动幅度大且稍向外，左臂摆动幅度小且靠近体侧；右脚前抬时内扣，后蹬时用前脚掌的内侧扣紧板鞋；左脚稍向外，以脚外侧用力；右脚步幅稍大于左脚；转弯后，身体逐渐过渡到正常姿势，快速向前跑。(图6–4–7)

图6–4–7

5. **终点跑**

终点跑的任务是尽量保持途中跑的高速度跑过终点，争取好名次。

由于体力关系，运动员撞线时要注意控制好身体位置，以防跌倒；应基本保持途中跑的姿势，到达终点后应逐渐降低速度停下来，以保证自身安全。（图6-4-8）

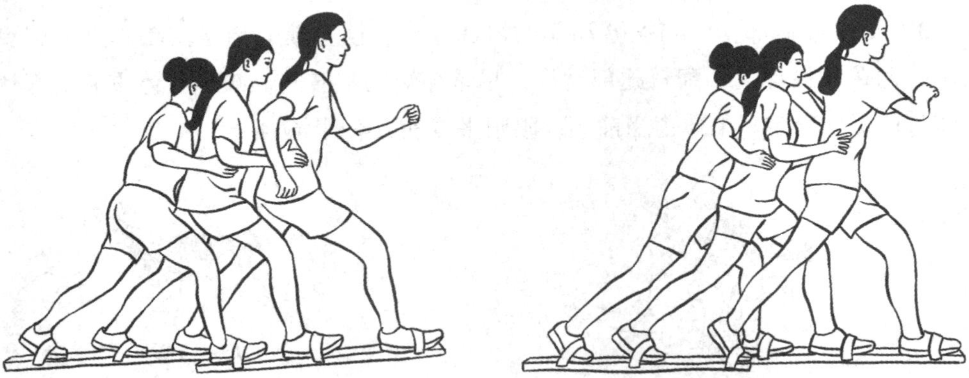

图6-4-8

任务考核与自评板

板鞋竞速基本动作

<table>
<tr><td>姓名：</td><td>院（系）：</td><td>学号：</td><td>日期：</td></tr>
<tr><td colspan="4">板鞋竞速基本动作：</td></tr>
<tr><td colspan="4">得分：</td></tr>
<tr><td colspan="3">体育教师签字：</td><td>日期：</td></tr>
</table>

任务五 毽球

一、毽球概述

（一）毽球的起源与发展

毽球俗称毽子，起源于我国汉代，盛行于六朝、隋唐时期，是我国一项历史悠久的传统体育项目。《唐高僧传》记载：北魏时有一个叫跋陀的人到洛阳去，在路上遇到了12岁的惠光，惠光在天街井栏上反踢毽子，连续踢了500次，观众赞叹不已。这说明踢毽子在当时已在民间流传。到了唐宋时期，踢毽子非常盛行，花样繁多，还出现了专门制作、出售毽子的店铺。到了清朝，踢毽子的技术已经达到了相当高的水平。清朝民间艺人绘制的《踢毽图》上的人物动作和姿态与现代毽球运动中的动作和姿态十分相似。

毽球运动占地面积小，器材简单，男女老少皆宜，是全民健身的重要内容。在群众性毽球运动广泛开展的基础上，我国毽球运动的竞技水平也不断提高，涌现出一大批高水平运动队。

毽球运动在世界范围内蓬勃开展，尤其是在越南、老挝、德国、匈牙利、荷兰等国家，已经成为深受人们欢迎的体育健身项目之一。可以预见，我国传统体育项目——毽球，将以崭新的姿态活跃在世界体坛上。

（二）毽球的场地、器材和装备

1. 场地

毽球比赛场地采用羽毛球双打比赛场地。

（1）规格。

①场地长11.88米、宽6.1米。

②场地应按平面图画出清晰的界线，较长的两条界线叫作边线，较短的叫作端线。

③连接场地两边线的中点与端线平行的线叫作中线，中线将场地分为均等的两个场区。

④在中线两侧各画一条与中线平行的线，叫作限制线，中线至限制线的距离为2米。

⑤距两端线中点两侧各1米处向场外各画一条长为20厘米与端线垂直的短线，叫作发球区线，发球区线向后无限延长的区域叫作发球区。

（2）设施。

①网柱：安在中线以外，距边线50厘米处。

②球网：深绿色，长7米，宽76厘米，网孔2厘米见方；球网上沿缝有4厘米宽的双层白布，用绳串起，将球网挂在网柱上；球网必须挂在中线的垂直上方，两端距地面的垂直高度必须相等，两端与中间的高度相差不得超过2厘米；球网的中部顶端距地面垂直高度为男子1.6米、女子1.5米。

③标志带与标志杆：在球网的两端，垂直于边线和中线的交接处，各系有一条宽4厘米、长76厘米的白色带子，叫作标志带；在球网上连接标志带外侧应竖有两根有韧性的杆，叫作标志杆，两杆内侧相距6米；标志杆应高出球网上沿4厘米，并用对比鲜明的颜色画上10厘米长的格纹。

（3）要求。场地上空6米以内（由地面计算）和场地四周2米以内不得有障碍物。

2. 器材和装备

（1）毽球。毽球的高度为13 ~ 15厘米，质量为13 ~ 15克，由毽毛和毽垫构成。（图6–5–1）

①毽毛为四支白色或彩色鹅翎，呈“十”字形插在毛管内，每支羽毛宽3.20 ~ 3.50厘米。

②毽垫直径3.80 ~ 4.00厘米、厚1.30 ~ 1.50厘米，由上垫、下垫和毛管构成，毛管高2.50厘米。

③毽垫的下垫和毛管连在一起，上垫套在毛管上，上垫和下垫中间套有由三层以上硬质薄皮革或类似材料制成的垫圈。

图6–5–1

（2）装备。作为毽球运动的参与者，无论是日常练习还是参加比赛，都需要有一身合适的装备，包括服装和鞋子等。

二、毽球基本技术

毽球基本技术包括准备姿势、起球、发球、移步等。

（一）准备姿势

准备姿势是运动员在场上接球时身体的一种等待状态。保持正确的准备姿势，是身体能随时在瞬间由静变动、由被动状态变主动状态的关键。准备姿势一般分为左右开立站姿和前后开立站姿两种。

图6-5-2

1. 左右开立站姿。

动作方法：①两脚左右开立，略比肩宽，两膝略屈，脚跟略提起；②两臂自然垂于体侧，两脚保持略动状态。（图6-5-2）

技术要点：①屈膝提踵，上体前倾；②两脚保持略动状态。

错误纠正：直腿、上体直立、脚跟提得过高为常见的错误动作。因此，应在做动作时屈膝，使膝关节得到缓冲，同时注意上体前倾，脚跟略提，两脚始终保持略动状态。

伤害预防：充分做好准备活动，提高肌肉温度，避免肌肉拉伤。

图6-5-3

2. 前后开立站姿

前后开立站姿（图6-5-3）能使运动员从静止状态快速转向前后移动状态，较多地应用在比赛的接发球过程中。

动作方法：①两脚前后开立，成前后开立站姿；②两臂自然垂于体侧，两脚保持略动状态；③上体略前倾，重心落于两脚之间，两眼注视来球。

技术要点：①防守时注意后脚脚跟离地，身体重心要向前移，随时保持静中带动的状态；②屈膝提踵，上体前倾；③两脚略动，便于步伐的转换。

错误纠正：同“左右开立站姿”。

伤害预防：同“左右开立站姿”。

（二）起球

起球是指球从脚面弹起到最高点的过程。根据起球时接触点的不同，起球技术可分为脚内侧起球、脚外侧起球、脚背起球、腿部起球等。

图6-5-4

1. 脚内侧起球

动作方法：①起球前，两脚自然开立，踢球脚在后，两膝略屈，两臂放松，自然下垂于体侧；②起球时，身体重心移到支撑腿上，踢球腿大腿带动小腿，由后向前上方摆动，在摆动过程中，逐渐形成髋关节外张、膝关节弯曲、踝关节内翻的基本姿势（图6-5-4）；③击球的一刹那，脚部击球面放平，击球部位应在脚内侧的中部，击球点一般在支撑腿膝关节前约40厘米处。

技术要点：①在接发球时，队员要积极移动，调整好人与球之间的位置，做到一次起球到位；②在组织进攻时，要通过积极移动和第一次调整球的机会，处理好人与球之间、传球队员与进攻队员之间的位置关系；③在防守快速球、大力量球时，要提高出脚速度；④起球全过程应注意柔和、协调，大腿和小腿应完成向前上方的送球动作；⑤注意膝关节向外张，大腿向外转动并略上摆，髋关节和膝关节放松，小腿向上摆，脚放平，用内足弓部位踢球。

错误纠正：踢毽球时用大腿或小腿发力击球为常见的错误动作。因此，应在做动作时用踝关节发力。

伤害预防：要充分做好准备活动，以免对踝关节或膝关节造成扭伤或挫伤。

2. 脚外侧起球

动作方法：①起球前，两脚自然开立，两膝略屈，做好准备姿势；②起球时，身体重心移到支撑腿上，踢球腿的髋、膝关节内扣，踝关节外翻，使脚外侧尽量与地面平行；③击球是利用小腿外翻快速上抬的动作完成的，脚接触球的部位一般在脚外侧面的中部或中后部，击球的高度一般不超过膝关节；④当来球较高并快速向体侧后方飞行时，踢球腿的大腿可外转，迅速沿地面向后摆，伸腿插入球下，踝关节自然勾起向外翻转，脚指向体侧，脚的外侧面水平，身体保持前倾，利用小腿快速屈膝上抬的动作，向体前上方击球。

技术要点：①当来球平且快，落在身体两侧或从体侧、肩上向后场飞行时，一定要略侧身，向体侧甩踢小腿，勾脚尖，用脚外侧踢球；②要想获得较低的托球点，必须使支撑脚做适当的弯曲；③身体重心应放在支撑脚上，击球点离地面15 ~ 20厘米。

错误纠正：直腿、踝关节外翻、小腿外翻，做匀速运动为常见的错误动作。因此，应在做动作时屈膝、膝关节内扣，小腿外翻的速度一定要快；当来球较高并快速向体侧后方飞行，伸直腿插到球下时，一定要注意踝关节勾起并外翻，身体保持前倾，绷脚，身体正直。

伤害预防：要充分做好准备活动，以免对踝关节或膝关节造成扭伤或挫伤。

3. 脚背起球

动作方法：①起球时，一只脚支撑身体，另一只脚主动插到球下，脚背与地面基本呈水平状态，当球快落到脚背上时，利用适度的伸膝和踝关节背屈的协调用力的勾踢动作，把球向上踢起；②击球部位在脚的跖趾（脚背上接近脚趾的部分）关节处，击球点在离地面10 ~ 15厘米的高度，击出球的方向、弧度和落点可通过脚背面的变化和踝关节背屈勾踢的程度来调整。

技术要点：①脚背踢球一般用正脚背，要注意绷脚尖和抖动脚踝发力击球；②击球点离地面10 ~ 15厘米。

错误纠正：勾脚尖或用大、小腿发力击球是常见的错误动作。因此，应在做动作时绷脚尖、抖动脚踝发力击球，同时注意抖动脚踝发力击球的速度不要过快或过慢，以免影响踢球的质量。

伤害预防：要充分做好准备活动，防止在抖动或接球的过程中扭伤脚背以及踝关节。

4. 腿部起球

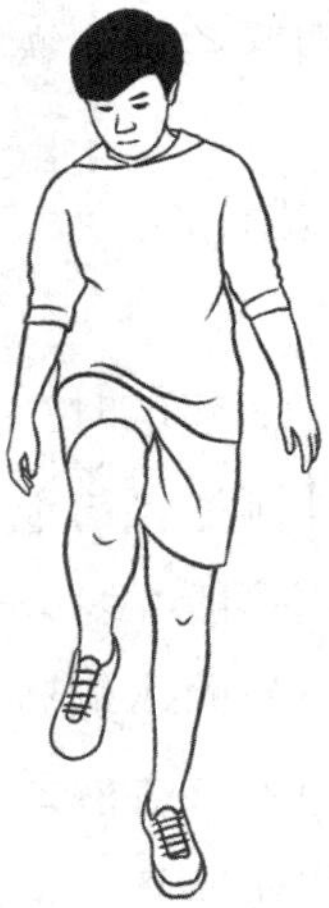
图6-5-5

动作方法（以右腿为例，左腿支撑身体）：①当来球飞近大腿时，重心移到支撑腿上，踢球腿自然屈膝，大腿带动小腿由后向前上方快速抬起，用大腿的前1/3处击球，抬腿力量的大小应根据起球的速度和落点加以控制；②击球后，踢球腿立即放下，准备衔接下一个动作；③腿接触球时与地面保持一定的角度，形成良好的反射角。（图6-5-5）

技术要点：左腿支撑身体，右腿屈膝，大腿带动小腿上提，膝关节略低于髋关节，用大腿的前半部分（主要由膝关节发力）起球。

错误纠正：直腿、小腿主动发力击球为常见的错误动作。因此，应在做动作时自然屈膝，大腿带动小腿，发力击球，同时注意用大腿的前半段击球，以便达到击球的目的。

伤害预防：充分做好腿部和髋部的准备活动，以免扭伤髋关节，拉伤腿部肌肉。

（三）发球

发球是比赛的开始，也是一项进攻技术。发球的时候可采用盯人、找空、压后、吊前等手段发出各种战术球，以达到破坏对方组织进攻或直接得分的目的。根据发球时身体与球网的关系，以及接触球的位置不同，发球技术可以分为脚内侧发球、脚背正面发球、脚外侧发球。

（四）移步

移步是利用脚步动作，根据来球的距离远近、球速快慢，采用各种不同的步法，使身体接近球的落点，以便及时准备好触击球。

三、毽球基本战术

毽球基本战术是在比赛中，根据毽球的运动规律、比赛双方的具体情况和比赛场上的变化安排具体阵容，合理地运用技术，充分发挥己队之长，限制对方正常发挥，进行的有组织、有目的、有预见性、能克敌制胜的行动。毽球基本战术分为进攻战术和防守战术。进攻战术是将高于网上沿的毽球直接攻入对方场区的一种击球战术。进攻战术根据阵容可分为“一、二”配备、“二、一”配备和“三、三”配备。防守战术是比赛争取得分的关键战术，也是延缓对方进攻的最好方法，可以为反击得分创造有利条件。防守战术根据阵容配置可分为“弧形防”“一拦二防”“二拦一防”“拦—堵—防”。

思政小课堂

踢毽球时，抬腿、弹跳、屈身、转体等动作能够使身体的各部位都得到很好的锻炼，能有效地提高腿部关节的柔韧性和身体的灵活性。毽球运动有助于提高大学生的注意力、思维敏捷性，增强其应对事物变化的能力，以使其更好地适应环境。

任务考核与自评

毽球基本动作

姓名：	院（系）：	学号：	日期：
毽球基本动作：			
得分：			
体育教师签字：			日期：

项目七 大学生体育竞赛与校园体育文化

学习任务目标

项目任务

- 任务一
  - （1）了解大学生体育竞赛的组织。
  - （2）熟悉体育竞赛制度。
- 任务二
  - （1）了解校园体育文化的概念。
  - （2）熟悉校园体育文化建设的方法。

任务一　大学生体育竞赛的组织与编排

一、大学生体育竞赛的组织

大学生体育竞赛是指以运动项目、游戏活动或身体练习活动为内容，利用课外时间组织大学生进行的各种竞赛活动。大学生体育竞赛是体育课外活动的重要组成部分，也是学校体育教育的重要形式之一。它有力地推动了学校群众性体育活动的广泛开展，促进了学校体育的普及与提高，是实现学校体育目标、贯彻“健康第一”思想的基本途径之一。

体育竞赛组织工作的好坏直接关系到体育竞赛能否顺利进行。为了顺利完成竞赛任务，不论是综合性运动会还是单项比赛，都应看成一项系统工程。这项工程大致可分为三个阶段进行：赛前的策划组织、赛中的有力监管和赛后认真总结。组织规模较大的竞赛活动，应成立相应的大会组织委员会或筹备委员会。

（一）赛前策划

（1）确定竞赛的项目、规模、性质，参加比赛的队数和人数；确定竞赛名称，如某某杯赛、邀请赛、选拔赛等。

（2）成立组织机构。各类学校无论是组织校运会还是单项比赛，都应在赛前建立领导小组，在主管院（校）长的领导下，由有关部室，如院（校）办公室、体育部（室）教务处、学生处、团委、学生会、工会、总务处、医务处、保卫处等各方面领导或代表组成，根据工作需要分成若干小组。一般设立如下几个机构。

①仲裁委员会：由主任、副主任、委员3人或5人组成，其职责主要是接受运动队的申诉，并及时做出裁决，但不改变裁判结果。

②组织委员会：由负责竞赛业务的若干行政人员组成，在大会组委会统一领导下，负责整个大会的竞赛组织工作。组织委员会下设竞赛处和秘书处，竞赛处下设竞赛组、编排组、裁判组、场地组等，秘书处下设政宣组、会务组、后勤组、医务组等。

③办事机构的设置应根据比赛的规模等具体情况和实际需要来确定，要做到统一领导、分工明确、密切配合。机构不需要重叠，人员不要过多，要求事事有人管、人人有事干。

（3）制订工作计划。竞赛中的各项工作比较复杂，如果事先没有周密的计划，不仅各项工作没有准则，而且很容易出现被动和忙乱现象。工作计划主要包括竞赛活动的工作日程、各机构的工作分工及任务要点等。工作计划既要简明又要具体，以便执行和检查，最好用表格逐项列出来。

（4）制定竞赛规程。竞赛的一切工作以规程为主要依据，这是赛前准备工作一个非常重要的环节。竞赛的工作人员、裁判员、教练员和运动员都必须按照竞赛规程的有关规定参加培训。一般由上级机关或主办单位下达竞赛规程或由参赛单位（群体）协商研究制定竞赛规程。竞赛规程应在比赛开始前1～2个月发送到各参赛单位，以便各参赛单位有充足的时间准备，保证竞赛的效果和质量。竞赛规程的内容包括以下几个方面：

①竞赛名称。根据竞赛项目的特点、规模、参赛的人数、经费来源等确定竞赛名称，同时要标明主办单位和承办单位。

②竞赛的目的与任务。根据本次竞赛所针对和要解决的主要问题，明确目的和任务。

③竞赛日期和地点。竞赛日期的确定要考虑利用节假日，平时最好利用业余时间；确定竞赛地点时应考虑交通、气候、场地、器材、设备和食宿等实际情况。

④竞赛项目。竞赛项目设置的依据是基层开展此项活动的广泛性和运动水平的高低，应保证较多的队数和人数参赛，使比赛对抗性强、激烈和精彩，以达到组织此项竞赛的目的。

⑤参赛资格、人数和报名日期、地点。根据竞赛性质和项目制定参赛资格标准。球类竞赛可按性别和年龄划分组别，运动员、领队、教练员和工作人员人数要有明确规定，限制报名的截止时间和报名地点要明确，并注明第一次领队会议和抽签的时间与地点。

⑥竞赛办法和录取名次。竞赛办法和录取名次是所有参赛队或个人共同关心的问题。采用的竞赛办法直接影响比赛时间的长短、运动员的比赛负荷、场地设备的合理运用和比赛成绩的合理性，因此应根据参赛的队数和人数采用适宜的竞赛办法。如不能预测参赛队数和人数，待报名截止后，由领队会议研究决定竞赛办法。录取名次一般为前3名或前6名或前8名，也可以是并列前3名（第三名、第四名并列），或者是并列前5名（第5名至第8名并列）。

⑦竞赛规则。竞赛规则应采用该项目比赛的最新规则，没有竞赛规则的项目，也应制定出竞赛的内容、方法、程序和评定标准，为竞赛提供切实可行的胜负标准和依据。

⑧其他事项。不同运动竞赛有不同的注意事项，如服装和鞋的要求、伙食住宿标准、交通工具、生活管理、禁止冒名顶替等规定。

（二）赛中监管

准备工作就绪后，即进入赛会的全面组织工作，准备工作是否有效，会在竞赛过程中得到检验。竞赛中主要工作包括以下几个方面。

1. 组织开幕式

开幕式的程序应根据竞赛的规模大小、竞赛的性质和目的及要求来进行。程序可繁可简，也可举行一般的开赛仪式。开幕词是主办单位的负责人在开赛前的重要讲话，应简明扼要地讲清楚此次竞赛的宗旨、任务、目的和要求等，体现竞赛的指导思想，为竞赛定下基调，使参赛单位和运动员为达到总目标而努力。

2. 管理裁判队伍

裁判队伍的管理，主要由竞赛组通过裁判长负责，要将“严肃、认真、公正、准确”的八字方针贯彻到组织工作的始终；要抓住比赛不同阶段的主要环节，如裁判员准备会、临场裁判和重要比赛场次的安排，随时检查场地器材，报送比赛成绩，小结与讲评，等等。

为便于管理，可将全体裁判员根据比赛任务分成若干个裁判小组。分组时，同一单位的裁判员要尽可能分布在各个组内，并合理搭配，使各组裁判员水平相当。小组长应由业务水平高、思想作风正派、能够团结他人、有一定组织能力的裁判员担任。

裁判员执行监场任务前，应和有关人员确定配合方法，并认检查场地器材。要尽量安排中立裁判员担任裁判工作。比赛中，裁判员要根据规则和实际情况，掌握好判定的准确性和稳定性，对比赛双方的判罚尺度要一致。

3. 公布竞赛成绩

及时、准确地公布竞赛成绩，可使各参赛队伍和有关部门及时了解竞赛结果，并在分析研究后宣传报道。竞赛成绩公布专栏要设在赛场的附近，通常在赛前将竞赛成绩大表画好，张贴在公告牌或墙上醒目的地方；也可以用黑板公布。每天每场竞赛结束，应及时、准确地将竞赛成绩登记在表格中，并将成绩复印，发给各参赛队伍、有关领导和有关部门。这样既能反映竞赛结果，又能积累资料。

4. 解决竞赛中出现的问题

体育竞赛具有对抗性和竞争性的特点，因此，在竞赛过程中经常会或多或少地产生矛盾：一是裁判员与运动员之间的矛盾，其中既有运动员对规则理解不够的情况，也有裁判员错判、误判的情况；二是运动员与运动员之间的矛盾，如在比赛中动作过大或不够尊重对方等；三是运动员与组织者之间的矛盾，如认为编排不够合理、组织不够严密，对运动员资格方面的意见等；还可能出现其他矛盾。处理竞赛矛盾，要依据竞赛的指导思想、竞赛规程和比赛规则，通过正确的程序和途径，妥善、冷静处理，以维持赛场的秩序和纪律。

（三）赛后总结

竞赛组及时汇总竞赛成绩并排出名次，交由裁判长宣布。召开组委会会议，听取工作汇报及意见，确定体育道德风尚奖或精神文明奖的评选结果，组织闭幕式和发奖仪式，汇编、印发成绩册，安排和办理各队及裁判员离会的相关事宜，完成竞赛总结并向领导部门汇报。

二、体育竞赛制度

体育竞赛经常采用的竞赛制度有三种：循环制、淘汰制和混合制。竞赛制度的选择应根据比赛的目的和任务、参赛队的多少、竞赛时间的限定、场地器材情况、经费等来决定。

（一）循环制

循环制是参加竞赛的各队，在整个竞赛或在同一个小组中彼此都有相遇机会的一种竞赛制度。循环制包括单循环、双循环和分组循环三种方法。这种竞赛方法的优点是参赛机会均等，偶然性小，排列名次比较符合实际，基本能反映各队的技术水平，有利于各队相互学习和交流经验。

一般在参赛队数比较少、场地和时间都有保证的情况下多采用单循环或双循环。在参赛队数较多、场地和时间又受限制的情况下，则采用分组循环，分组越多，时间越短。循环制适用于足球、篮球、排球等以整队为单位参加竞赛的集体球类项目，或者乒乓球、网球、棋类、桥牌等项目的团体比赛。

1. 单循环

单循环是参加竞赛的各队都有相遇比赛的机会，是一种比较公平合理的比赛制度，能比较客观合理地确定名次的比赛方法。单循环一般只在参加比赛的队数不多，又有足够的竞赛时间时采用。

（1）比赛轮数。在单循环制的比赛中，各队都参加完一场比赛即为一轮。参加比赛的队数为单数时，比赛轮数等于队数。例如，5个队参加比赛，即比赛轮数为5轮。参加比赛的队数为双数时，比赛轮数等于队数减一。例如，6个队参加比赛，则比赛轮数为5轮。

（2）比赛场数。单循环比赛的场数可用下面的公式计算：

$$比赛场数=\frac{队数（队数-1）}{2}$$

例如，6 个队或 7 个队参加比赛，则比赛场数为

$$\frac{6\times(6-1)}{2}=15（场），\quad \frac{7\times(7-1)}{2}=21（场）$$

2. 双循环

双循环是各队相遇两次的比赛方法，多在参赛队较少，为了增加各队相互交流和锻炼机会时采用。它比单循环比赛总场数增加 1 倍。

3. 分组循环

当参加竞赛的队数较多而竞赛时间较短时，为了比较合理地确定名次，可采用分组循环的竞赛方法。这种方法在学校或基层的竞赛中采用较多。将参赛队平均分成若干小组，在各小组内进行单循环比赛。然后根据需要和实际情况，将各组优胜队或名次队进行单循环比赛或交叉赛排出最后名次。分组循环通常分预赛和决赛两个阶段。

（1）预赛阶段。预赛阶段按规程规定将参赛队分为几个小组，各组参照单循环编排，排出小组比赛表。分组循环的不足之处是，由于参赛队实力不同，如果分布不均，可能会造成强队先期在积分上处于劣势，弱队反而名次排列在前的局面。为了克服这个缺陷，在编排中应设立种子队。现将分组单循环赛抽签和“蛇形”排列法介绍如下：

①在联席会上协商确定种子队。种子队数一般等于组数，如分4个组进行比赛，应设4个种子队。为了使比赛更合理，也可以多选出几个种子队，但必须是组数的倍数。例如，分4个组进行比赛，可设8个种子队。第一号种子队与第八号种子队编为一组，第二号种子队与第七号种子队编为一组，依次类推。为了照顾主办单位，有时也会在竞赛规程中做出有利于主办单位参赛队伍的相应规定，并通过相关会议讨论和认可。

②抽签方法。种子队先抽签，确定各种子队的组别，然后其他各队再抽签确定组别。

例如，20支队伍分为4组，除8支种子队伍外，其他12支队伍再抽签。签号分为4组，每组有相同的3个签，由12支队抽签确定组别，然后把各队按组别填入各组的比赛轮次表。另外一种分组方法为“蛇形”排列分组，即按上一届名次进行分组。例如，有16支队伍分为4个组时，其排法见表7–1–1。

表7-1-1　16支队伍分4组比赛安排表

组别	队伍			
第一组	1	8	9	16
第二组	2	7	10	15
第三组	3	6	11	14
第四组	4	5	12	13

（2）决赛阶段。各队在预赛阶段分组单循环赛中的名次将决定其进入决赛阶段比赛的顺序。在预赛阶段已经相遇过的队，比赛成绩依然有效，决赛阶段不再进行比赛。其常用的比赛方法有同名次赛、分段赛、交叉赛、录取名次赛等。

①同名次赛：将各小组预赛中相同名次的队（人）编在一起进行比赛，如预赛时4个组的第1名编为一组进行单循环赛，决出1～4名；各小组的第2名编为一组决出5～8名；……依次类推。

②分段赛：将各小组的名次分为几段，同一段名次的队编在一组，决出总名次，如预赛两个组的第1、2名编为一组，决出1～4名，两个组的第3、4名编为一组排出5～8名。

③交叉赛：各组的前两名交叉比赛，两场胜者进行决赛，争夺第一名，两场负者再相互比赛，排出3、4名，各组的第3、4名用同样方法排出5～8名，其余类推。

④录取名次赛：根据竞赛规程规定的录取名次，在各小组中录取数量相等的队进入决赛（参加第二阶段决赛队的数量应等于或略高于录取名次的队）。例如，有16支队参赛，规定录取前8名，预赛分成2个组，则每组前4名的队进入第二阶段决赛，其余的队不再比赛。

（二）淘汰制

淘汰制就是在比赛中逐步淘汰成绩差者（失败者），直到最后决出冠亚军为止。淘汰制一般是在参赛队数较多，而举行比赛期限较短时采用。淘汰制可分为单淘汰和双淘汰。

1. 单淘汰

（1）比赛轮数。如果参加的队数是2的乘方数，则比赛轮数正好是以2为底的幂的指数。例如，8个队参加比赛轮数为3轮，因为$8=2^3$；16个队参加比赛为4轮，因为$16=2^4$。如果参加的队数不是 2 的乘方数，即参加比赛的队数介于两个2的乘方数之间，则轮数是较大的一个以2为底的幂的指数。例如，14个队参加比赛，则按16个队的轮数来计算，为4轮。

（2）比赛场数。单淘汰比赛总场数等于参加队数减1。例如，8个队参加比赛，共7场。单淘汰制名次评定就是在全部比赛中没有失败过一场的队，即冠军队，决赛中失败的队为亚军队。如果竞赛规程规定参赛队均须确定名次，就应进行附加赛。常用的方法是：复赛中失败的两队补赛一次，胜者为第3名，负者为第4名，复赛中失败的4个队进行补赛，争夺第5～8名。（图7–1–1）

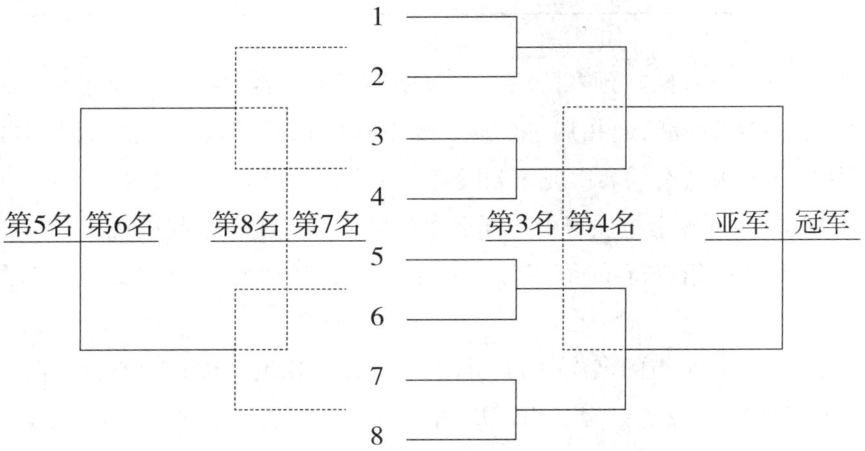

图7–1–1

2. 双淘汰

参赛的队（人）在一次失败后，还有机会进行比赛，当第二次失败后才被淘汰。

（1）比赛轮数。双淘汰赛的轮数是单淘汰赛轮数的2倍加1。例如，8个队采用双淘汰赛，其轮数等于3×2+1=7（轮）。

（2）比赛场数。双淘汰赛的比赛场数等于参赛的队（人）数的 2 倍减去 3 。例如，8个队采用双淘汰赛，其总场数等于8×2–3＝13（场）。

（三）混合制

一次竞赛中同时采用循环制和淘汰制，叫作混合制。采用混合制时，一般把竞赛分为两个阶段进行：前一阶段采用分组单循环，后一阶段采用淘汰制进行决赛；或者相反。采用先分组循环后淘汰制的混合制比赛，最好分成2组、4组、8组、16组进行分组循环，以便以后编排淘汰赛的比赛秩序表。

任务考核与自评

体育竞赛的基本方法

姓名：	院（系）：	学号：	日期：
体育竞赛的基本方法：			
得分：			
体育教师签字：			日期：

任务二　校园体育文化建设

一、校园体育文化的概念

校园体育文化是指校园内所呈现出的一种特定的文化氛围，它是学校的师生、员工在体育教学、健身运动、运动竞赛和体育设施建设等活动中形成和拥有的所有的物质和精神财富，以及体育观念和体育意识。它是以学生为主体，以课外体育文化活动为主要内容，以校园精神为主要特征的一种群体文化，它和校园德育文化、智育文化及美育文化等一起构成了校园文化群，又与竞技运动文化、大众体育文化构成了广义的体育文化群。

二、校园体育文化建设的方法

校园体育文化作为学校教育的重要组成部分，在德、智、体、美、劳全面发展的教育方针中，在培养身心健康，具有创新精神和实践能力的社会主义现代化合格人才中具有十分重要的作用，高校必须加强校园体育文化建设工作。

（一）加强媒体宣传力度

高校可运用标语、图展和广播等媒体形式进行体育文化的渗透，使师生员工真正认识到强健身体的重要性，培养他们对体育的兴趣，提高其参与程度，使其了解体育、参与体育，享受体育带来的乐趣。

（二）重视课外体育活动

课外体育活动是开展体育文化活动的主要途径，它既要完成体育锻炼的任务，又要活跃学生的课余文化生活。课外体育活动对提高学生的锻炼意识和积极性有很好的促进作用。高校要重视课外体育活动的开展。

（三）组织体育知识讲座

体育知识讲座是丰富学生体育知识的重要手段，高校可以请校内外体育专家、运动员配合体育教学任务举办讲座，介绍国内外体育赛事、体育形势和体育文化等，以拓宽学生视野、丰富学生体育文化知识。

（四）组织体育知识竞赛

学校组织体育知识竞赛具有简单易行的特点。高校可充分利用学生所掌握的知识，组织班级、年级甚至全校的体育知识竞赛活动，以提高学生对体育文化的兴趣和参与的积极性。

（五）发挥本校体育传统，形成特色

体育文化的传统和特色指的是一所学校在体育方面形成并延续的带有普遍性、重复出现、相对稳定的一种独具特点的文化形态，表现出自觉、经常的基本特征，并具有教育、导向、规范、凝聚和激励的作用。各所学校的类型、规模、办学条件和师生的构成等不同，再加上学校所处的地区、环境和地理气候等的差异，决定了建设校园体育文化的具体思路会有所不同。因此，在建设校园体育文化的过程中，各所学校应该根据自己的具体情况，发展校园体育文化，最终形成自己的体育特色。

（六）加强校园体育文化的物质建设

校园里的体育建筑、雕塑，加上设施、场地等，本身就是一种文化现象，是人的本质力量外化的产物。同时，它们是文化的载体，凝聚和展示着人类的知识、思想和智慧，体现着人们的情操、意志和价值观念等多种文化特质，这些特质能对人起到一种潜移默化的作用。此外，体育建筑、场地和设施等作为一种介质，又承载着师生体育锻炼的实践过程。因此，高校要努力创造条件，加强体育物质文化建设，包括建造体育场馆、添置体育设施和合理地使用已有的场地设施与用品。

任务考核与自评

校园体育文化建设的方法

姓名：	院（系）：	学号：	日期：
校园体育文化建设的方法：			
得分：			
体育教师签字：			日期：

项目八
大学生运动风险防控

学习任务目标

- **项目任务**
  - 任务一
    - （1）了解运动损伤的分类、原因及预防。
    - （2）掌握不同运动损伤的处置方法。
  - 任务二
    - （1）熟悉运动风险的概念。
    - （2）掌握运动风险的防控方法。

任务一　运动损伤

一、运动损伤的分类、原因及预防

（一）运动损伤的分类

运动损伤是指在体育运动过程中所发生的各种损伤，分为开放性软组织损伤和闭合性软组织损伤。

（1）开放性软组织损伤。常见的开放性软组织损伤有擦伤、切伤、刺伤和撕裂伤，局部皮肤或黏膜破裂，伤口与外界接触，常见组织液渗出或血液自伤口流出。

（2）闭合性软组织损伤。急性闭合性软组织损伤是运动损伤中较常见的一类，肌肉拉伤、挫伤和韧带拉伤等都属于这类损伤。

（二）运动损伤的原因

1. 主观方面

（1）麻痹大意是所有运动损伤因素中最主要的因素。

（2）体质弱、身体素质差或机能状态不良。

（3）技术水平低、运动不熟练，或者做动作时在某个环节上出现错误。

（4）运动情绪低下，伴有畏难、恐惧、害羞、犹豫以及过分紧张，致使注意力不能集中。

（5）运动前准备活动不充分，特别是缺乏针对性的准备活动。

2. 客观原因

（1）锻炼时缺乏保护帮助或保护帮助不及时、方法不正确。

（2）场地、器材及锻炼设施不合规范。

（3）运动负荷安排不当，局部负担过重。

（4）动作粗野、违反规则（对抗性项目）。

（5）内容组合不科学、方法不合理。

（三）运动损伤的预防

（1）加强运动安全教育，克服麻痹思想，提高预防运动损伤的意识。

（2）认真做好准备活动。

（3）改进技术动作，合理安排运动负荷。

（4）加强保护与帮助，特别是提高自我保护能力。

（5）做好医务监督工作，掌握运动损伤的预防与处置方法。

（6）重视运动器材、场地的安全和卫生。场地器材应经常检查和维修。锻炼者的服装、鞋子要符合体育卫生要求。

二、不同运动损伤的处置方法

（一）出血和止血

在运动过程中，外伤引起各部位出血，特别是较大的动脉损伤所引起的大出血，如果止血不及时或处理不当，很可能危及生命。

1. 出血的种类

（1）按人体损伤的部位分类。按人体损伤的部位分类，出血可分为外出血和内出血两类。

外出血：指体表有伤口，血从伤口流到体表。外出血是运动损伤中常见的出血种类，也是威胁伤者生命的重要因素之一。因此，由受过专业培训/训练的人员采取妥善的止血方法尤为重要。在采用科学方法进行紧急止血处置后，应尽快将伤者送医院进行后续正规治疗。

内出血：指体表无伤口，血液由破裂的血管流入组织（皮下组织、肌肉组织）、体腔（胸腔、腹腔、关节腔）等。运动中常见的内出血有皮下淤血、膝关节腔内积血，腹部严重挫伤时导致肝破裂或其他脏器损伤时的腹腔内出血。由于内出血没有血流出体外，较为隐蔽，不易及时发现，一旦发现，可能已经酿成大出血而危及生命。因此，如果受伤后没有外出血，但伤者有失血的表现，就有内出血的可能，应及时送往医院处理。

（2）按血管的种类分类。按血管的种类分类，出血可分为动脉出血、静脉出血和毛细血管出血三类。

动脉出血：血色鲜红，出血速度快，呈喷射状。

静脉出血：血色暗红，血流缓慢。

毛细血管出血：血缓慢渗出。

2. 止血方法

由外伤引起的出血的止血方法主要有以下几种：

（1）压迫止血法。

①间接指压法。这一方法简便有效，可用于浅部动脉出血，方法正确可即刻止

血。需要注意的是，动脉出血时应指压伤口的近心侧，静脉出血时应指压伤口的远心侧。常用的压迫止血点如下：

头部出血：头顶、额部及颞部出血，压迫颞动脉。压点在耳前，用手指正对颧骨后端骨面压迫。（图8–1–1）

面部出血：压迫颌外动脉，压点在下颌角前约半寸处。（图8–1–2）

颈部出血：压迫颈总动脉，压点在甲状软骨外搏动处。（注意：不要同时压迫两侧的颈总动脉，以免引起大脑出血。）（图8–1–3）

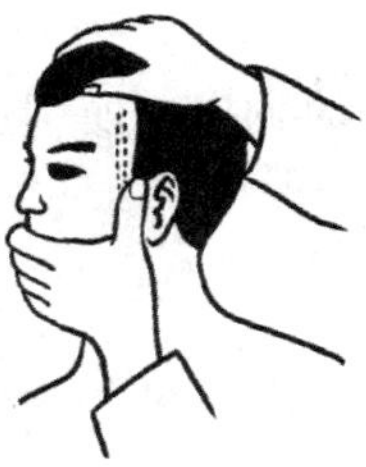
图8–1–1

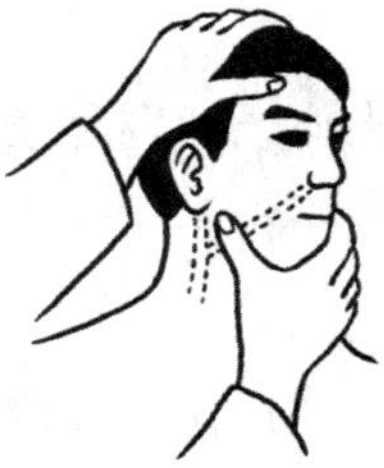
图8–1–2

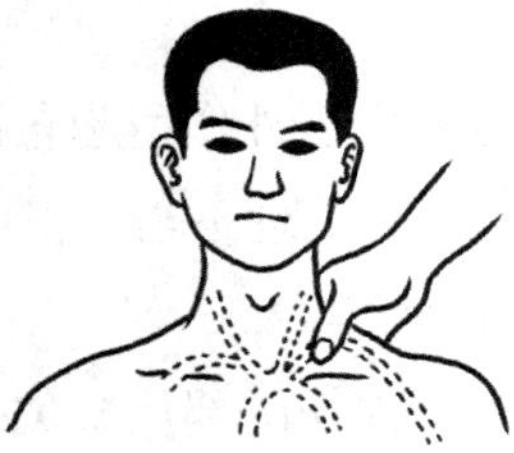
图8–1–3

上肢出血：腋部和上臂出血时压迫锁骨下动脉，压点在锁骨上方，胸锁乳突肌外缘。前臂出血时压迫肱动脉，使患肢外展，用拇指压迫上臂内侧上1/3处。（图8–1–4）

下肢出血：大腿出血时压迫股动脉，压点在腹股沟中点该动脉搏动处。（图8–1–5）

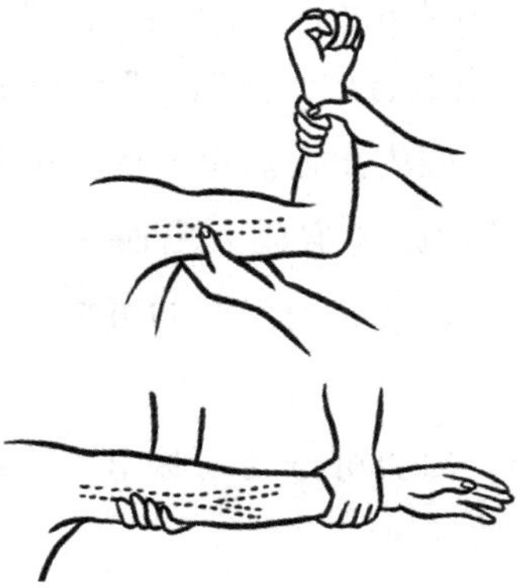
图8–1–4

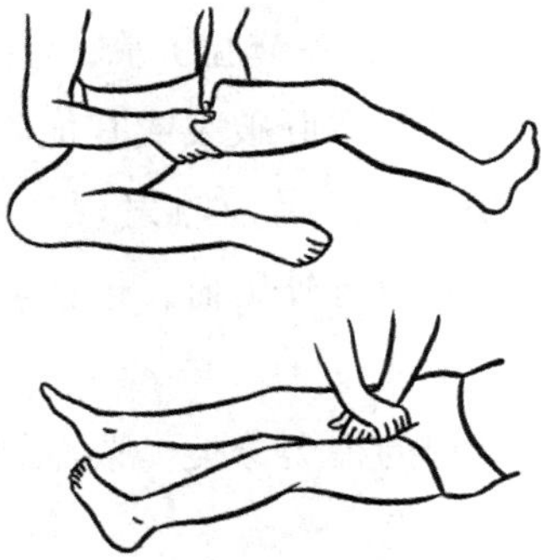
图8–1–5

②加压包扎法。这一方法适用于小静脉和毛细血管出血，方法是：将伤口消毒后撒上消炎药粉，盖上纱布块，用绷带包扎。

③加垫屈肢止血法。这一方法适用于肢体出血（如前臂、手和小腿、足），方法是：将棉垫或绷带卷放在肘窝或膝窝上，令肘关节或膝关节尽量弯曲，再用绷带做“8”字形包扎。

（2）止血带法。这一方法适用于四肢动脉大出血、创面大或不整齐时。常用皮管、橡皮带、气压式止血带等工具来止血，也可根据现场情况来选材止血，如将布带、手帕、领带、长袜等折叠成带状或将衣服撕成布条，宽度至少5厘米，用来替代止血带。方法是：用止血带在出血部位的近端（近心侧）扎紧（上肢应在上中1/3交界处，下肢在靠近大腿根部），压力不小于20毫米汞柱，因为压力太小只能闭锁静脉，而动脉仍可继续出血。

（3）充填法。这一方法多用于躯干部位的大伤口，运动中很少使用，多用盐水纱布充填伤口，压迫止血。

严重出血用以上方法处理后立即送医院治疗。

（二）软组织损伤

软组织损伤是指运动中发生的除骨骼以外的损伤。软组织损伤按照损伤部位可以分为开放性软组织损伤和闭合性软组织损伤。开放性软组织损伤指皮肤和黏膜的完整性遭到破坏，闭合性软组织损伤则指皮肤和黏膜完整无缺。按照损伤发生的时间，运动中的软组织损伤又分为急性软组织损伤和慢性软组织损伤。

1. 擦伤

擦伤是指运动时机体表面与粗糙的物体相互摩擦而引起的皮肤表层损伤，创面有擦痕、渗出液和点状出血，属于开放性软组织损伤。例如，田径、球类运动时摔倒擦伤，体操和武术运动时身体与器械摩擦受伤，滑雪时被树枝擦伤，拳击时被拳套擦伤，等等。

（1）征象。伤口浅，面积大，边缘不整齐；表皮脱落，点状出血，组织液渗出；无感染时，伤口易因干燥结痂而愈合；伤口感染后易化脓，有较稠的渗出液。

（2）处理。伤口浅、面积小的擦伤，用生理盐水清洗后直接外涂2%的碘酊，无须包扎，让其暴露在空气中即可；伤口内有异物的擦伤，用生理盐水或自来水冲洗伤口，伤口用双氧水、伤口周围用75%的酒精消毒，然后用消炎药粉、无菌敷料处理；伤口较深、污染严重的擦伤，应去医院由医生处理，除消毒、包扎等处理外，还应由医生注射破伤风抗毒素；关节部位的擦伤，经消毒后，上消炎软膏或抗生素软膏，并用无菌敷料覆盖，一般不用暴露疗法。

2. 裂伤

裂伤也称撕裂伤，是开放性软组织损伤的一种，指身体受钝性暴力打击引起的皮肤、皮下组织撕裂的损伤。

（1）运动中头部裂伤最多，约占整个裂伤的61%，其中额部和面部居多。例如，篮球运动员的眉弓被对方肘部碰撞可引起眉际裂伤。

（2）发生裂伤的运动者，轻者可先用碘酒、酒精对伤口周围的皮肤消毒，然后在伤口上撒上消炎药粉，用消毒纱布覆盖，加压包扎。小的裂口，伤口消毒后可用粘膏黏合；裂口较长和污染较重者，应由医生做清创术，清除伤口内的污物和异物，切除失去活力的组织，彻底止血，缝合伤口。凡伤情和污染较重者，应遵医嘱口服或注射适当的抗菌药物，预防感染。凡被不洁物致伤且伤口小而深者，应由医生注射破伤风抗毒素，预防破伤风。如伤口有感染，则应使用抗感染药物，加强换药处理，及时清除伤口内的分泌物，畅通引流，促进肉芽组织健康生长，以利于伤口早日愈合。

3. 刺伤

刺伤也是开放性软组织损伤的一种，指在运动过程中，尖锐细物刺穿皮肤及皮下组织器官的损伤。

（1）征象。伤口细小，但较深，可能伤及深部组织或器官，或者是将异物带到伤口深处，容易引起感染。

（2）处理。为了预防和减轻感染，应对被刺伤的运动者进行无菌操作。注意：要检查伤口，观察污染情况，判断是否有神经、血管、肌腱等组织的损伤。较浅、小、干净的伤口，可用碘酊消毒，然后用创可贴或消毒纱布覆盖；较大、深、不洁的伤口，应现场加压包扎后送医院进行清创、止血、缝合，口服或注射抗生素，常规注射破伤风抗毒素，预防破伤风。

4. 扭伤

扭伤属于闭合性软组织损伤，多是在外力作用下，关节发生超常范围的活动，造成关节内外侧副韧带损伤。

（1）征象。关节出现疼痛、肿胀、皮下淤血、功能障碍等症状，其程度随损伤程度增加而加重。轻者发生韧带部分纤维断裂，重者则韧带纤维完全断裂，并引起关节脱位或半脱位，同时合并关节内滑膜和软骨损伤。扭伤在运动中较为常见。

（2）处理。关节韧带扭伤或部分韧带纤维断裂者，伤后应立即冷敷，加压包扎，抬高伤肢并休息，以减轻出血和肿胀。24～48小时后，拆除包扎固定，根据伤情可采用中药外敷、痛点药物注射、理疗和按摩等，但理疗和按摩在开始时只能施于伤部周围，3天后才可用于伤部。韧带完全断裂者，经急救处理后把伤员送至医院，以争取进行早期手术缝合或固定。关节韧带扭伤时，当关节肿胀和疼痛减轻后，在不引起疼痛或疼痛加重的原则下，应尽早进行伤肢功能性活动，防止发生肌肉萎缩和组织黏连，以促进功能恢复。

5. 拉伤

拉伤是指肌肉或关节韧带在运动中急剧收缩或过度牵拉引起的损伤，可分为肌肉拉伤和关节韧带拉伤两种。

（1）肌肉拉伤。肌肉拉伤是指肌肉的猛烈收缩或被动牵拉超过了肌肉本身所能承受的限度引起的肌肉组织损伤。肌肉损伤除由直接外力作用引起外，主要是在间接外力作用下使肌肉发生拉伤。据有关资料统计，肌肉拉伤约占各种运动损伤的25%。常见的拉伤部位为大腿后群肌、腰背肌、小腿三头肌、大腿内收肌群等。

①征象。肌肉拉伤的部位可发生在肌腹或肌腹与肌腱交界处或肌腱的起止部。轻者发生微小损伤，重者则肌纤维大部分断裂或完全断裂，甚至发生撕脱骨折。肌肉拉伤后，伤处疼痛、肿胀、压痛，肌肉紧张或痉挛，触之发硬。受伤肌肉做主动收缩或被动拉长的动作时，疼痛会加重。当肌肉严重拉伤时，患者在受伤当时可感到或听到断裂声，疼痛和肿胀明显，皮下淤血显著，运动功能严重障碍，肌肉出现收缩畸形。

②处理。当肌肉微小损伤或少量肌纤维断裂时，应立即冷敷、加压包扎并抬高伤肢，注意局部休息。疼痛较重者可遵医嘱口服镇静、止痛剂，24～48小时后可采用中药外敷、痛点药物注射、理疗或按摩等。肌纤维大部分断裂或完全断裂时，经加压包扎等急救处理后，立即将伤员送至医院，及早进行手术。

（2）关节韧带拉伤。关节韧带拉伤是指在间接外力作用下，关节发生超常范围的活动而引起的关节韧带损伤，是一种闭合性软组织损伤。在体育活动中，最常见的关节韧带拉伤是踝关节韧带拉伤、膝关节韧带拉伤、掌指（间）关节韧带拉伤和肘关节韧带拉伤。

①损伤机制。在外力作用下，关节发生超常范围的运动，关节内外侧韧带受到过度或猛烈的牵拉而造成损伤。轻者仅是少量韧带纤维断裂，重者则是部分韧带纤维断裂或韧带完全断裂，甚至引起关节半脱位或完全脱位，同时可合并关节内滑膜、软骨损伤或撕脱骨折等。例如，跑跳运动时因场地不平，踝关节发生过度内翻而造成踝关节外侧韧带损伤；膝关节屈曲130°～150°，小腿突然外展外旋或足与小腿固定，大腿突然内收内旋，都可造成膝关节内侧韧带损伤等。

②征象。伤后局部疼痛、肿胀，若伤及关节滑膜或韧带断裂及合并关节内其他组织损伤，会出现整个关节肿胀或血肿，局部有明显压痛。关节功能障碍，轻者关节活动受限，不能着力；当韧带完全断裂或撕脱时，关节有不稳或松动感，关节功能明显障碍。

③处理。关节韧带拉伤是运动中常见的损伤，如早期误诊或处理不当，转成慢性或遗留功能障碍，则会影响比赛和训练。基本处理原则：早期止血，预防肿胀；晚期消炎活血。最初要用压迫的方法及减少局部供血（降温）。经冰袋冷敷或冷水淋浴、喷冷冻剂后，覆盖绷带加压包扎。24小时后打开观察伤部变化，考虑是否做进一步处理。拉伤后早期妥善处理，对减少淤血肿胀、防止韧带无力是非常重要的。24～48小时后出血停止，遵医嘱局部用封闭治疗、中药外敷、理疗或按摩等，促使组织损伤后的炎症尽快消散。1～3周后，大多能恢复。伤后的运动练习要尽量用支持带保护，避

免再损伤。

6. 挫伤

挫伤又称撞伤，是指钝性外力直接作用于人体某部引起该处及其深部组织的一种急性闭合性软组织损伤。

（1）损伤机制。在体育运动或比赛中，尤其是各种对抗性较强的项目，如足球、橄榄球运动中相互冲撞，或散打、格斗运动中被踢打，抑或体操、武术运动中人体与器械撞击或被器械击伤，都会发生局部和深层组织挫伤。最常见的挫伤部位是大腿与小腿的前部，头、胸、腹部的挫伤也并不少见。

（2）征象。单纯性挫伤，轻者仅在伤部出现疼痛、肿胀、局部皮肤青紫、压痛和功能障碍等症状；严重挫伤或有合并症时，可因皮下出血而形成血肿或瘀斑，疼痛和功能障碍较为明显，头部或躯干部的挫伤较为严重者可并发脑组织或内脏器官的损伤，甚者出现全身症状或某些特殊体征。

（3）处理。单纯性挫伤的处理一般分为三期，若病情较轻，可把二、三两期合并兼治。

①限制活动期。伤后24～48小时内，局部冷敷，加压包扎，抬高伤肢并休息。较轻的挫伤可外敷消肿膏。疼痛较重者，可遵医嘱内服镇静、止痛剂。股四头肌和腓肠肌挫伤时，应注意严密观察，若出血较多，肿胀不断发展或肿胀严重而影响血液循环，应将伤员送医院进行手术治疗，取出血块，结扎出血的血管。

②恢复活动期。受伤24～48小时后，肿胀已基本消退，可拆除包扎进行温热疗法，包括各种理疗和按摩。在伤情允许的情况下，应尽早进行伤肢的功能锻炼，逐渐增加关节的活动幅度。股四头肌挫伤时，当病情已稳定，患者可以控制股四头肌收缩时，才可开始做膝关节的屈伸活动。先做伸膝练习，屈膝练习宜晚些，不可操之过急。膝关节能屈至90°、走路不用拐杖可视为此期治疗结束的标志。

③功能恢复期。功能恢复期逐渐增加抗阻练习和一些非碰撞性练习，如打乒乓球、羽毛球等，并配合进行按摩和理疗等，直至关节功能恢复正常。

（三）骨折和脱臼

1. 骨折

由于外伤或病理等原因，骨的连续性、完整性遭到破坏的损伤称为骨折。运动中发生的骨折多为闭合性骨折。

（1）骨折的原因。①直接暴力。这种骨折系暴力直接作用于受伤部位，如足球运动员胫骨骨折，常由一方球员直接踢在另一方球员的小腿上所致。②间接暴力。这种骨折发生在接触暴力较远的部位，多是由外力的传导、杠杆、旋转等作用所致。

例如，肱骨髁上骨折，多由伤者失足跌倒、手掌撑地、暴力上传所致；锁骨骨折，多由摔倒时手撑地面所致。

（2）骨折的表现。骨折的一般表现为局部疼痛、肿胀和功能障碍。骨折时，骨髓、骨膜及周围组织出血，在骨折处形成血肿，以及软组织损伤导致水肿，使患肢严重肿胀，甚至出现张力性水疱和皮下瘀斑，由于血红蛋白的分解，可呈紫色、青色或黄色。骨折时，局部出现剧烈疼痛，移动患肢时疼痛加剧。局部肿胀和疼痛使患肢活动受限，如为完全性骨折，可使受伤肢体活动功能完全丧失。

（3）骨折的症状与体征。①疼痛：较明显，动则加剧，可引起休克。②畸形：与健侧比较有成角、变短等异态。③活动失常：失去正常活动功能，而在关节以外的地方出现异常活动。④肿胀：伤后不久便出现，也可成血肿。⑤压痛：骨折处压痛最明显，轴线撞击时骨折处剧痛。⑥骨擦音：轻微活动或推摸局部时，断端会出现骨擦音。

2. 脱臼

脱臼又称关节脱位，由外力或其他原因造成关节各骨的关节面失去正常的对合关系。

（1）脱臼的表现。脱臼由外伤引起者为外伤性脱位；由关节病变引起者为病理性脱位；脱位后，关节面完全丧失对合关系者为完全脱位，部分丧失者为半脱位。

（2）脱臼的症状与体征。①关节畸形：失去正常关节外观，骨标志改变。②活动失常：失去正常活动功能，常弹性固定于半屈曲状态。③患肢缩短。④局部肿胀或积血。⑤压痛。

3. 骨折与脱臼的诊断

根据受伤的情况、症状及体征，骨折与脱臼可做如下诊断。

（1）闭合性单纯性骨折：骨虽已折，但无明显移位，周围软组织无严重损伤，也没穿破皮肤。

（2）开放性骨折：骨断端穿破皮肤外露，易感染，须注意保护伤口，勿受污染。

（3）复杂性骨折：骨断端刺伤神经、血管、内脏，影响关节，产生严重症状。这些情况也可由救护或搬运不当而引起，必须注意防范。

（4）单纯性脱臼：仅关节各骨的关节面失去正常的对合关系。

（5）复杂性脱臼：合并有关节骨折等情况。

4. 骨折和脱臼的固定方法

（1）夹板固定。利用夹板固定之前，应先将骨折远端稍加牵引，然后固定，松紧要适度。

（2）自体固定。在没有夹板或其他可代用材料的情况下，伤者可利用自己的躯干及肢体用三角巾或绷带做临时固定，如上肢固定于躯干，下肢利用健侧来做固定。

（3）其他物体固定。利用其他有一定硬度、韧性、长度和宽度合适的物体，代替夹板做固定。

对脊柱骨折或有此怀疑的伤者，勿急急忙忙地将其从地上“救起”，应以硬床板搬运，需几个人同时将其翻转到硬床板上，翻转要同步，勿使脊柱发生扭转，严禁徒手搬运或徒手将其抬到硬床板上。搬运时，最好采用俯卧位，若采用仰卧位，则应在伤处加衬垫物，使脊柱成过伸姿势，勿使其发生扭转和前弯曲，以免损伤脊髓而造成截瘫。固定后立即送医院治疗。

思政小课堂

生命在于运动，运动需要安全的方式，大学生有必要了解常见的运动损伤和急救措施，科学运动，保障身心健康发展，使自己以充沛的精力学习各方面知识和技能，为新时代中国特色社会主义建设贡献自己的力量。

任务考核与自评

软组织损伤的处置方法

姓名：	院（系）：	学号：	日期：
软组织损伤的处置方法：			
得分：			
体育教师签字：			日期：

任务二　运动风险防控

一、运动风险的概念

运动是促进健康的手段，运动的目的在于增进身体健康。风险所描述的是事件发生的可能性，即事件有可能发生且尚未发生。运动的独特性在于运动是人与自然界、人类社会及人本身相互作用的动态过程，这一过程存在着不可控性，也就意味着在运动过程中存在着客观的必然风险。

运动本身具有双面性，并且这种双面性决定了运动过程及结果的不可预见性，而可能发生性又是风险的特征之一，因此进行运动时，不论是否发生了运动安全事故，必然存在着危害运动安全或影响运动目标实现的风险致因（凡是可能引起风险事件发生的因素）。风险致因是产生风险事件的首要条件，而且多种风险致因是可以同时存在、同时作用的。

运动的独特性决定了运动过程的不可控性，因此，风险必然客观存在于运动过程的诸环节中。当风险事件发生后必然会影响运动安全和运动目标的实现。风险致因是风险事件的诱因，风险损失是风险事件的表现形式，风险事件是运动风险过程的载体。风险事件不发生，风险致因也就没有载体，也就不可能发生风险损失。人们在进行运动风险的相关研究时，应主要针对风险致因所诱发的运动风险事件分析风险事件发生的诱因，即风险致因，然后评定风险致因对运动安全和运动目标的影响。

运动风险是指在进行体育运动的过程中，由风险致因导致或引发风险事件的发生，从而引起运动目标无法达成的风险过程。

二、运动风险的防控方法

学校体育运动风险是指学校体育运动过程中可能发生人员身体损伤的风险。风险应对是针对存在的风险因素，积极采取措施，以消除或减少风险因素的过程，常用的运动风险防控方法主要有风险避免、风险预防、损失抑制、风险隔离、风险转移。但由于风险避免的手段是以放弃或拒绝参与体育运动为代价，风险隔离是通过对风险项目分割或复制来减少总体的经济损失，二者均不适合用于学校体育运动防控。因此，本部分仅从风险预防、损失抑制、风险转移三个方面探讨运动风险的防控方法。

（一）风险预防

风险预防是指在风险事故发生前采取措施以消除或减少可能引起损失的各种因素，降低风险发生的概率，即前述的“防”。风险预防是学校体育运动风险防控的重点，其既适合运动固有风险预防，也适合外在风险预防。

固有风险源于运动的本质特性会过多消减其竞争、对抗、身体运动的特性，也就使学校体育失去了意义。实践中，可以根据项目特点采取减难、佩戴防护装备、修改规则或要求等方法来预防伤害事故的发生：①减难法。例如，在跨栏跑教学中先采用塑料栏架进行练习，再用低栏架过渡，最后进行标准高度栏架练习；在跳高教学中先用橡皮筋再用跳高横杆等。②根据足球、篮球、轮滑等项目的特点和场地情况要求学生佩戴守门员防滑手套、戴护膝、护肘等防护装备。③对学生进行竞赛规则教育，强化学生规则意识，使其在比赛中严格执行规则。

学校体育运动风险外在风险防控可从学校制度、教师素养和学生能力三个方面进行，具体防控方法如下：①建立学校运动安全巡查制度，对存在的运动安全隐患及时纠正或制止；②建立学校体育器材设施采购、维护、保管制度，确保器材设施安全使用；③建立学生体质健康体检档案制度，尤其注意特异体质学生运动安全；④严格体育教师岗位职责，加强教学常规检查，避免出现擅离职守和教学设计不合理现象；⑤统筹全校课外体育活动安排，避免场地冲突或交叉使用；⑥组织课余体育训练和竞赛应坚持自愿原则，训练计划应符合学生身体发育规律和体育训练规律；⑦应通过体育教师风险告知、技能传授、护具配备等多种途径提高学生运动风险意识和防控能力。

（二）损失抑制

损失抑制是指在事故发生时或发生后，及时采取措施，以减少损失发生范围或程度，即前述的“控”。运动伤害事故发生时或发生后的及时自救和他救是减少事故损失的有效措施。学生自救技能主要源自教师的传授和平时的练习。他救是否及时主要看学校是否建立事故处理预案。具体损失抑制措施设计如下：①设置校医务室，配备专业公共卫生人员；②体育教师应树立风险意识，通过培训等方式提高自身运动损伤鉴定和急救能力；③传授学生运动伤害事故的处理技能；④明确事故处理程序和各岗位责任，及时救助受伤学生。

（三）风险转移

风险转移是指将有风险的活动转移给其他人，以降低自身损失的方法。对于学校体育运动风险而言，人身损害风险是无法转移的，能转移的只能是财产损失风险，其中体育保险是风险转移的重要策略之一。

学校体育运动风险转移的保险策略可以设计为：①加强学校体育保险制度国家层面的顶层设计，建立以校方责任险、学生平安保险为基础，以体育附加险为补充的学校体育保险制度；②加强政府出资购买学校体育保险的险种、投保范围和理赔程序方面的立法，使学校体育保险有法可依；③鼓励保险企业加强学校体育保险险种设计，满足政府、学校、学生不同主体的投保需求；④鼓励各地建立学校体育运动伤害保障基金，提高学校对运动伤害事故损失的经济补偿能力；⑤加强保险知识宣传，引导学生从正规渠道购买必要的意外伤害保险。

任务考核与自评

运动风险预防

姓名：	院（系）：	学号：	日期：
运动风险预防：			
得分：			
体育教师签字：			日期：

参考文献

［1］黄晨华，周美如．大学生体育与健康指导手册［M］．天津：南开大学出版社，2016.

［2］黄晨华，陆长英，卢炳秋．高职体育理论与实践教程［M］．北京：北京体育大学出版社，2018.

［3］凌昆，鄢行辉，骆红斌．中医药院校体育与健康教程［M］．北京：北京体育大学出版社，2015.

［4］武文强，尹军．高职体育与健康（图解示范+视频指导）［M］．北京：人民邮电出版社，2019.

［5］贾书申，刘海元．高职体育立体化教程：微课版［M］．北京：北京体育大学出版社，2017.

［6］葛振营．大学体育教程［M］．北京：北京体育大学出版社，2018.

［7］卢三妹，王进，吕立．大学体育与健康立体化教程［M］．北京：北京体育大学出版社，2018.

［8］王碧怡．大学体育与健康教程［M］．北京：北京体育大学出版社，2018.

［9］闫建华，田华钢．学校体育运动风险识别和应对理论与实践研究［J］．浙江体育科学，2020，42（4）：87–91.

［10］兰翔，张宁．高职体育实用教程［M］．北京：北京体育大学出版社，2019.

［11］王润平．体育锻炼与心理健康［M］．2版．桂林：广西师范大学出版社，2005.

［12］丁仲，杨绍昌．大学体育教程［M］．成都：西南交通大学出版社，2014.

［13］梁健，郭延安，李丽丹．应用型大学体育：上册［M］．北京：北京体育大学出版社，2016.